나는 해외 입양인입니다

Copyright © 2023 Mischa Blok and Meulenhoff Boekerij bv, Amsterdam.
Korean Translation Copyright © 2025 Tamgudang Publishing Co.
All right reserved.
The Korean language edition is published by special arrangement with
Meulenhoff Boekerij bv.

이 책의 한국어판 저작권은 네덜란드의 Meulenhoff Boekerij와 탐구당 간의
출판 계약에 따라 탐구당에 있습니다. 저작권법에 의해 한국 내에서 보호를
받는 저작물이므로 무단전재와 무단복제를 금합니다.

나는 해외 입양인입니다

한국에서 버려진 아이가
수십 년간 찾아 헤맨 삶의 진실

미샤 블록 지음 | **유동익** 옮김 | **차용** 감수

Mama Lee
Mischa Blok

이더레인

추천의 말

　당사자의 목소리는 힘이 세다. 국제연합(UN)이 'Right to Origin', 즉 자신의 진정한 뿌리를 알고 태어난 가정에서 분리되지 않을 권리가 보편적 인권이라고 아무리 주창한들, 미샤 블록이자 박근희인 저자의 증언만한 울림을 줄 수 있을까?

　핏줄로 이어받은 DNA 말고는 기억에도 없고 배운 바도 없는 한국이라는 나라를 찾아오는 해외 입양인들의 순례 여행을 '뿌리 찾기'라고 부른다. 그런데 정작 그 나라는 나라 밖으로 수월하게 내보내기 위해 그들과 연결된 뿌리를 잘라버리고 흔적조차 지워버리는 데 주저하지 않았다. 정부가 찍어낸 그 가짜 고아 서류 앞에서 대부분의 뿌리 찾기 순례자들은 망연자실해서 이 나라를 떠난다.

　미샤 블록이 담담하게 풀어낸 이야기를 따라가다 보니, '기적이다'라는 말밖에 떠오르지 않았다. 많은 입양인의 사연을 보고 들었지만, 이런 일도 있구나 싶다. 이 이야기를 한국인들과 나누기로 결심하기까지는 짐작하기 어려운 용기와 결단이 필요했겠다. 이 책을 받아들었으니, 이제 우리가 해야 할 일을 생각해본다.

    우리나라는 70년간 20만 명의 아이들을 나라 밖으로 내보냈다. 인류 역사상 어느 나라도 하지 않은, 할 수 없고, 하려고 꿈조차 꾸지 않는 일이다. 미샤의 삶은 우리 모두와 연결된다. 모르는 새 가담한 국가 폭력을 자기 삶으로 증언한다.

    우리의 연대가 절대적으로 필요하다. 그 일은 결국은 이 땅에 아직 살고 있는 우리를 고치고 살리는 길이다. 지금 이 땅에 태어나고, 있고, 앞으로 올 사람들을 위한 땅으로 회복시키는 길이다.

    _이경은(국경너머인권 대표, 『국민을 버리는 나라』 저자)

차례

추천의 말 4

1부 낯선 땅, 낯선 언어 사이에서 새롭게 찾은 가족

1장 과거의 조각을 찾아서
가능성이 희박한 케이스의 가능성을 좇다 14 | 우는 얼굴로 상처를 직시하기 17 | 낯선 집, 낯선 언어들 20

2장 한국에서 네덜란드로, '은혜'에서 '미샤'로
나의 입양 기록 26 | 커다란 환대 29 | 남들만큼 꿈꾸는 나날들 34

3장 아름답지 않은 진실
좋은 이야기는 항상 실수로 시작된다 38 | '미스터 박'이라는 존재 41 | 거짓말, 가짜 문서, 돈 46

4장 그들의 시작을 위해 생겨난 나의 시작
그들의 선택은 최선이었을까 52 | 낯선 땅에서 마주한 과거의 시간 57 | 한국의 크고 작은 부조리들 60 | 나쁜 연극에 출연한 기분 66

2부 어두운 과거와 직면한다는 것

5장 받아들여지지 않은 용서
추가 설명이 필요한 사람 74 | 애니 증후군 78 | 내가 모르는 내 이야기들 81

6장 카메라 사이로 들여다본 나의 고향
낯선 고향의 낯선 태도들 88 | 행복은 성공으로 만든다는 자세 92 | 아무도 말하지 않은 거대한 분홍색 코끼리 96 | 당신은 실제로 얼마나 한국인입니까? 99

7장 모든 여행의 끝은 되돌아오는 길
사랑의 정의 104 | 익숙함에서 벗어나는 법 배우기 107 | 우리의 관계가 끝났을 때 111

8장 그는 왜 떠났을까
엄마 품 116 | 아직 치유되지 않은 상처 120 | 신발 속 작은 모래알 123 | 헤어짐의 고통 128

3부 한국인 엄마를 찾습니다

9장 피할 수도, 미룰 수도, 되돌아갈 수도 없는
5,100만 중에 단 한 사람 136 | 이것은 버림받은 것에 관한 이야기 141 | 나를 믿어야 한다 143 | 꾸며진 연극 같은 시간 146

10장 모래밭에서 숨은 진주 찾기
수원에서 전단지 돌리기 154 | 의문투성이인 입양기관 158 | 황량한 경복궁 거리에 서다 161 | 끝없는 도돌이표 164

11장 아무것도 시도하지 않으면 아무 일도 일어나지 않는다
거짓말 170 | 마네킹이 되어버린 네덜란드 여성 175 | 미스터 박, 새어머니의 집 178 | 끝을 말하는 포옹 182 | 다시 시작 184

12장 마지막 사흘
작별 인사 190 | 새로운 조력자 194 | 실마리 198 | 기억의 한 조각을 되찾다 203 | 한 번은 절망으로, 다른 한 번은 희망으로 206 | 곡성의 이명숙 씨 211

13장 곡성
좌절이 앞을 가리다 216 | "이명숙 씨가 오고 있습니다" 221 | 한계에 다다르다 226

4부 만남과 그 이후의 삶

14장 첫 만남
인생의 결정적 순간 234 | 근희, 뿌리를 내린 소녀 238 | 기적 같은 밤 244

15장 떨어져 있던 시간이 무색할 만큼
이질감 없는 새 가족 254 | 잃어버린 시간을 따라잡는다는 것 260 | 침대에 나란히 누워 264 | 새로운 추억을 쌓는 순간 267 | 드디어 드러난 진실 270 | 우리의 마지막 날 276

16장 다시 현실로
엄마를 찾은 이후의 일상 282 | 잘못된 출생 정보 285

17장 친애하는 엄마에게
잘못된 정보가 일으킨 혼란 290 | DNA 검사 295

18장 그날의 복기
버려짐의 시작 298 | 복잡하고도 아름다운 사랑 302

감사의 말 306

옮긴이의 말 309

1부

낯선 땅, 낯선 언어 사이에서
새롭게 찾은 가족

1장

과거의 조각을 찾아서

가능성이 희박한
케이스의 가능성을 좇다

"서울 남산에 올라가 돌을 던지면, 김씨, 박씨, 이씨 성을 가진 누군가가 맞는다"는 한국의 우스갯소리가 있습니다. '박'이란 성은 8년 전 알게 된, 제 생물학적 아버지로부터 받은 성입니다. 그리고 '이'란 성은 오랫동안 찾던 친엄마의 성입니다. 만약 제가 「스포를로스(Spoorloos: 네덜란드에서 입양인들의 친가족을 찾아주는 프로그램)」라는 텔레비전 프로그램에 나온다면 진행자 데릭 볼트 씨는 제가 엄마를 찾는 여정을 가능성이 희박한 케이스로 소개할 것 같습니다. 왜냐하면 볼트 씨는 방송 끝 무렵에 서로 기쁨의 눈물을 흘리며 품에 안고 쓰다듬는 애틋한 장면을 원하기 때문입니다.

　　이 이야기를 그렇게 끝낼 수 있을지 확신할 순 없습니다. 허탕을 칠 가능성도 존재하니까요. 그렇게 되면 나의 모든 질문은 답변을 찾을 수 없을 것이고, 가족을 찾기 위한 모든 여정이 포옹으로 끝나지 않을 수 있음을 받아들이는 식이 되겠죠.

그런데 저는 지금 친어머니를 찾을 거라 확신하고 있습니다. 친어머니에 대한 정보가 있어서가 아닙니다. 제겐 그녀의 DNA 정보도 없고, 그녀가 언제 태어났는지, 고향이 어디인지 또 부모가 누구인지조차 모르며, 그녀가 어느 학교에 다녔는지, 어디에서 일했는지, 어디에 살았는지 또 친구가 누구인지도 모릅니다. 단지 그녀의 성만 알고 있을 뿐입니다. 그 성은 한국인의 3분의 1이 사용하는 성이고요. 그러나 저는 엄청난 낙천주의자라 개의치 않습니다.

"낙천주의자는 사실 최적화를 추구한다. 무엇을 개선하려면 모든 것을 동원해야 한다고 생각하고, 그것이 나아질 거란 보장이 없어도 계속 추구하는 사람이다." 이것은 네덜란드의 대표 사상가 르네 휘더(René Gude)의 말입니다. 실제로 제게는 나아질 거란 확신이 없지만, 엄마를 찾기 위해 최선을 다할 것입니다. 그래요, 최적화를 위해 전진하겠습니다. 모든 것을 동원할 것이고 가능한 사람을 모두 찾아 극한까지 밀어붙일 생각입니다. 필요하다면, 오렌지색 자전거로 서울을 횡단하며 나팔을 불면서 전단지와 스트롭바플(네덜란드 와플)을 나눠 줄 생각입니다. '그때 그렇게 해야 했는데'와 같은 후회의 말을 만들지 않을 것입니다.

게다가 찾을 수 없다는 상상을 하고 싶지 않습니다. 또한, 친엄마가 나를 찾고 싶어 하지 않는다는 상상도 하기 싫습니다. 매년 생일 때마다 그녀가 나를 생각하며 내가 어디에 있는지, 어떻게 자라고 있는지 또 자신과 닮았는지를 생각할 거라 확신해왔습니다. 그리고 내가 그녀를 여전히 생각하고 있는지 아니면 그녀를 원망하고 있는지도 궁금해할 거라고 생각해 봅니다. "사랑하는 마마 리, 저는 네덜란드에 살고 있어요. 라디오 방송을 진행하는 낙천주의자이고 당신을 아주 많이 생각한답니다. 제가 당신을 닮았는지 모르겠고 당신께 무어라 말할지 모르겠지만 당신을 전혀 원망하지 않아요. 당신을 만나 포옹하기 전에, 그렇게 말해두고 싶어요."

우는 얼굴로
상처를 직시하기

만약 당신이 네덜란드의 높은 산에 올라가 돌을 던지면, 그 돌은 더 용, 얀센 혹은 더 프리스란 성을 가진 누군가에게 떨어지겠죠. 5년 전 나는 무의식적으로 돌을 던졌고 우연히 더 프리스란 성을 가진 사람을 만났습니다. 나는 그를 찾고 있지는 않았지만, 야꼽의 내면에서 내가 원하던 모든 것을 찾을 수 있었습니다.

라디오 프로그램과 팟캐스트에서 나는 많은 사람에게 사랑에 관해 물었습니다. 사랑은 황홀한 주제라고 생각해요. 사랑을 단어로 표현한다는 게 얼마나 어려운지 인터뷰를 통해 알 수 있었습니다. 사랑을 묘사할 때 '영혼의 동반자', '진정한 사랑', '모든 것을 포용하는'과 같은 진부한 표현을 사용하지 않고도 묘사할 수 있을까요?

다음 동화를 소개해 볼게요. 두 마리의 토끼가 있었습니다. 이 토끼들은 얼마나 서로 사랑하는지 표현하려고 하지만, 팔의 길이로는 그 사랑을 충분히 표현할 수 없었습니다. 그 이야기의 끝에 이렇게 결론을 내립니다: '달까지 갔다가 돌아올 만큼'.

어떤 것이 큰 사랑인지 또 얼마나 특별하고 심오한지를 척도로 표현할 수 있다면 우리는 그것의 특별함을 결정할 수 있을 겁니다. 진부한 표현을 허락한다면, 야꼽은 실제로 영혼의 동반자였고 진정한 사랑이었으며 우리의 사랑은 모든 것을 포함하는 그 무엇이었습니다.

'감사함'은 내가 입양에 관해 언급할 때 사용하는 단어입니다. 사랑스러운 네덜란드 부모님과 오빠, 이 아름다운 나라에서 얻은 모든 기회에 감사합니다. 오랫동안 나는 성격상의 약점을 입양 때문이라고 쉽게 단정 지었습니다. 자신에게 결함이 있다면 스스로 책임져야 한다는 생각에서 나온 결론이었습니다. 이제는 생각이 바뀌었습니다.

만약 당신이 어렸을 때 부모로부터 버림받았다면, 당신의 마음 깊은 곳에 상처가 생기게 될 것입니다. 당신은 그 상처로 인해 삶의 마지막 순간까지 왜 당신이 존재하는지를 증명하려는 마음을 품게 됩니다. 생물학적 부모의 사랑과 친밀함은 당연하고, 삶의 굳건한 토대라고 할 수 있습니다. 하지만 그러한 토대가 없다면, 당신은 아마도 사랑하는 사람에게서 다시 버려질지 모른다는 두려움에 사로잡히게 될 것입니다. 그러한 일이 정말 생겼습니다. 그 남자, 그 큰 사랑과의 관계가 끝장나고 말았으니까요.

한국인들은 '7전 8기'란 말을 합니다. 한국인들은 다시 일어서는 특별한 능력이 있다고들 하는데 저 역시 그런 것 같습니다. 직장에서의 좌절? 다시 기운을 내고 긍정적으로 생각하면서 포기하지 않았습니다. 그래도 그 일이 있고 난 뒤 한 해 동안은 구석에서 울곤 했습니다. 그렇다면 그 사랑이 그렇게 특별하고 완벽했을까요? 아니요, 우리의 사랑은 완벽하지 않았습니다. 완벽한 것은 없으니까요. 아름다운 순간은 지나가기 마련입니다. 그것이 바로 인생입니다. 계속해서 나아가는 것, 내가 항상 잘하는 부분입니다. 그럼에도 왜 다시 힘을 모아 즐겁게 나아갈 수 없는 걸까요? 나는 맞잡은 손을 놓쳐버렸고 힘을 잃었습니다. 이해할 수가 없었고 그저 슬픔이 멈추길 바랐습니다. 그만하고 싶었어요.

그때 나는 내가 정말 원하는 것을 알게 됐습니다. 아마도 계속 전진하는 것이 지금의 나를 힘들게 만드는 원인인지 모릅니다. 아이들이 학교에 가기 싫다고 말할 때 자신의 눈을 가리고 "나 없어"라고 말하며 현실을 부정하는 것을 보면 웃음이 절로 나옵니다. 나도 지난 몇 년 동안 비슷한 방식으로 현실을 피하려 했지만, 지금은 눈앞에 있는 상처를 직시하지 않을 수 없습니다. 원하지 않았던 그 상처를 살피고 잠시 멈춰야 합니다. 그렇게 해야만 앞으로 나아갈 수 있습니다.

낯선 집,
낯선 언어들

나는 세 살 때 네덜란드로 입양되었습니다. 서울에 있는 입양 기관에서 다른 아이들과 함께 떠났던 것을 기억합니다. 처음으로 비행기를 탔을 때, 너무 긴장한 나머지 바지에 오줌을 쌌습니다. 스히폴 공항에 도착했을 때 유일하게 울었던 아이였습니다. "저 아이가 아니면 좋겠네"라고 오빠가 농담으로 말했는데 제가 오빠의 동생이 되었습니다. 가방도 없이 입던 옷만 가지고 왔는데, 나의 유일한 재산은 부모님이 전해준 줄무늬 양말이었습니다. 파란색 외투를 입은 승무원이 저를 안고 VIP 라운지로 안내했는데, 그곳에서 새로운 가족을 만나게 됐습니다. 네덜란드 엄마를 보자마자 그녀에게 팔을 뻗었습니다. 그녀의 얼굴을 사진에서 보았기 때문에 알아본 것이었죠. 네덜란드 엄마는 그 순간이 너무 자연스럽게 느껴졌다고 합니다. "나도 알아볼 수 있었어"라며 자랑스럽게 얘기하곤 하셨죠. 오빠는 네덜란드 항공기 안에서 태어난 것이 아니라 제가 도착하기 3년 전 엄마의 배에서 태어났죠. 그 VIP 라운지에서 우리는 서로에게 적응하는 시간을 가졌습니다.

그때 찍힌 사진에서 네덜란드 엄마의 무릎에 앉아 있는 내 모습을 보고 있습니다. 나는 눈에 띄는 녹색 옷을 입고 있고 오른손에는 비스킷 반쪽을 꽉 쥐고 있으며, 나머지 반쪽은 이미 입안에 있습니다. 나만 카메라를 똑바로 바라보며, 유독 자신 있는 모습입니다. 마치 이 가족에게 이렇게 멋진 새 식구가 생긴 것을 정말 행운으로 생각해야 한다는 듯이요. 그러나 다른 사람들은 나를 향해 부드러운 미소를 짓고 있습니다. 아빠는 1970년대 스타일의 수염을 기르고 있고 엄마는 부드러운 눈빛으로 나를 쳐다보며 마치 부서지기 쉬운 물건이라도 받은 양 보호 본능을 발휘하고 있습니다. 그때 여섯 살이었던 오빠의 표정은 놀란 것처럼 보입니다. 사진 속에서 당시의 생각이 어떤 것이었는지를 바로 느낄 수 있습니다. '어떻게 갑자기 비행기 안에서 여동생이 태어날 수 있지? 앞으로 굉장히 재밌겠는걸.'

오빠는 6백만 불의 사나이로 불리는 슈퍼히어로 장난감을 손에 들고 있습니다. 그날 아침에 부모님으로부터 받은 선물이었는데 부모님께서는 이날을 축제처럼 기뻐할 수 있게 안배한 것이었습니다. 다른 사진에서는 오빠가 그 장난감을 내게 보여주는 모습이 찍혔습니다. 인형의 팔에는 작은 문이 있고 문을 열면 접히는 낙하산이 나옵니다. 나는 당황스러운

표정으로 그를 바라보고 있습니다. 당시 소변 실수를 포함해 난생처음 비행기 여행 후에 새로 접한 정보들을 모두 소화하기에는 역부족이었을 겁니다. 새로운 나라, 처음 겪는 시차 피로, 새로운 부모님과 오빠, 네덜란드 과자 그리고 팔에 낙하산을 가진 6백만 불의 사나이….

 새로운 나라에서 새로운 삶이 시작되었습니다. 처음 만난 사람들이지만 그들이 내 가족임을 알 수 있었습니다. 음식도 새로운 맛이었습니다. 고기가 들어간 수프, 치즈 빵 모두가 처음 접하는 음식이었습니다. 나는 새로운 집에 살게 되었고 침대도 갖게 되었습니다. 처음에는 바닥에서 자고 싶어 했습니다. 부모님이 나를 침대에 올려놓으면 베개에 발을 올리고 이불 속으로 들어가지 않으려고 했습니다. '플랩'이란 이름의 테리어가 있었는데 내가 발을 굴리며 명령을 내려도 내 말을 들으려고 하지 않았습니다. 나는 낯선 언어로 말하는 이들에게 둘러싸여 있었습니다. 그러나 그들의 말을 이해하지 못하더라도, 그들이 나를 사랑한다는 것을 느낄 수 있었습니다. 그것만으로 충분하며, 사랑을 바탕으로 나는 새로운 가정의 일원이 되어 갔습니다.

2장

한국에서 네덜란드로, '은혜'에서 '미샤'로

나의
입양 기록

입양 초기 사진에서는 화가 잔뜩 난 채 실망스러워하는 작은 여자아이를 볼 수 있습니다. 화가 난 이유는 어느 날 갑자기 다른 세계로 끌려왔는데 그 과정에서 아무 결정권도 주어지지 않았기 때문이었을까요? 아니면 너무 많은 일을 겪었고 끌려다녔던 현실에 지쳤기 때문이었을까요? 울지는 않았지만, 분명히 슬픈 기색을 보였다고 부모님은 말씀하십니다. 나는 그 상황이 언제든 끝날 수 있고 또 누군가 문을 두드리며 다른 집으로 데려갈 수 있다고 생각했습니다.

처음 며칠 동안은 침묵으로 일관했습니다. 부모님은 편안하게 대해주기 위해 한국어 몇 마디를 하셨지만, 제가 이상하게 바라보자 즉시 그만두셨습니다. 네덜란드 엄마는 저에게 새로운 잠옷을 입히셨습니다. "아니, 너무 커." 저는 긴 소매를 보고 그녀를 퉁명스럽게 쳐다보며 사이즈도 모른다며 눈치를 주었습니다. 몇 주 후에 네덜란드 입양 기관에서 한 여자가 책을 가지고 왔는데, 그 책 안에는 한국의 사진들이 있었습니다. 거리와 집들이 보였고 다양한 나이대의 사람들이 사진에 있었습니다. 기억을 정리하고 잘 적응하는 게 중요하다고 생각한 저는 그 책을 피해 눈을 돌렸습니다. 소녀의 감정은 이상한 조합으로 고통을 받고 있었습니다. 한편으로 화가 나고 아파하지만 다른 한편으론 자부심과 자존심이 있었습니다. 저는 앞으로 나아가야 한다는 의지를 가지고 있었습니다. 그것이 저의 성격을 대표하는 특징입니다.

　　록안예(Rockanje: 네덜란드 남홀란드주의 작은 마을)에 사는 삼촌과 숙모의 대형 캐러밴에 방문했던 어느 여름날이었습니다. 할머니는 작은 주방에서 네덜란드식 볶음밥을 만들고 계셨습니다. 코니멕스 향신료를 사용하셨지만, 저는 그 냄새를 금방 알아차렸습니다. 다른 나라에 입양된 아이들은 새로운 나라에 도착한 직후 자신이 남기고 온 삶에 대해 많은 이야기를 합니다. 그러나 저는 입양 부모가 모르는 삶 전체에 대해 외면했습니다. 그래서 음식이 테이블 위에 놓이자마자 저는 포크로 고기를 찍어 입으로 가져갔습니다. 적응한 모습을 보이고 싶었던 것입니다. 네덜란드 부모님은 아직도 이 장면이 웃기다고 하십니다. 왜냐하면 저는 나중에 확고한 채식주의자가 되기 때문이죠.

　　저는 빨래 놀이를 제일 좋아했습니다. 끊임없이 수건을 비눗물이 담긴 양동이 안에 넣고 또 넣었습니다. 저는 벽난로, 모닥불, 양초를 무서워했고 잠들기 전에 항상 양초가 모두 꺼졌는지 물었습니다. 제 허리 아래에는 그게 화상인지 모르겠지만, 선명한 흉터가 있습니다. 저는 불이 날까 봐 오랫동안 침대 밑에 비상용 갈대 상자를 놓아두었습니다. 그 안에는 손수건, 인형 그리고 길더(과거 네덜란드에서 사용하던 돈)가 있었어요.

입양 기록에는 제가 두 살 때 대한민국 수원에서 발견됐다고 적혀 있습니다. 제 옷에는 이름이 적힌 쪽지가 있었습니다. 이름은 박은혜이고, 생년월일은 1974년 6월 7일입니다. 그리고 부모님은 미상이라고 적혀 있었죠. 더불어 외모와 행동에 대한 설명과 입양 기관 직원의 저에 대한 관찰도 첨부되어 있었습니다. 외모: 옅은 갈색 피부, 어두운 갈색 머리. 어둡고 맑은 아몬드 모양의 눈을 가진 사랑스러운 얼굴. 전형적인 한국인의 얼굴. 행동: 다정하고 영리하며 부드러운 성격을 가지고 있다. 자립적이며 자주 테이블 아래에서 놀고 그림을 그리며 손가락으로 공중에 글을 쓴다. 사교성이 좋으며 행복하고 만족스러운 느낌을 준다.

커다란 환대

그 행복하고 만족스러운 감정은 내가 네덜란드에 온 후 거의 사라졌고, 이제 와서 돌이켜보면 그 상황이 네덜란드 부모님에게 항상 쉬운 일만은 아니었음을 깨닫게 되었습니다. 어리고 화난 소녀가 갑자기 딸이 되면 누구든 엄격하게 대하기 어렵겠지요. 입양한 딸이 무슨 일을 겪었고 어떤 아픔이 가시지 않았는지 알지 못하기 때문입니다. 게다가 누군가에게 사랑을 강요하기는 더더욱 어려울 겁니다. 그런데 네덜란드 부모님은 달랐습니다. 그분들은 제가 네덜란드에 오기도 전에 저를 벌써 사랑하고 계셨습니다. 엄마는 오랫동안 스스로 아이를 낳고 싶어 하셨습니다. 그녀는 유치원 교사였는데 나중에는 그 유치원의 교장이 되었습니다. 엄마는 아빠와 결혼한 후 불임이 될 가능성이 크다는 소식을 들으셨어요.

'세상에는 부모가 없는 아이들이 많고 그 아이들을 돌봐

줄 사람이 필요하다'는 생각이 입양을 선택한 이유였습니다. 그분들은 입양 대기 명단에 등록됐습니다. 그러나 의사의 예상과 다르게 엄마는 불임이 아니었고 저보다 세 살 연상인 오빠 여룬을 갖게 되었는데 결과적으로 대기 명단에서 제외되었습니다. 그러나 입양에 대한 열망은 계속 남아 있었기에 다시 대기 명단에 등록될 수 있었습니다. 수십 개의 양식을 작성하고, 어려운 절차를 거친 후 수천 길더를 지불한 끝에 마침내 한 통의 전화가 걸려왔습니다. "당신들은 여자아이를 입양하게 되었습니다!" 엄마는 매우 행복해하셨고 근무 중인 아빠에게 전화를 걸어서 "우리가 여자아이를 입양하게 되었어!"라고 알렸습니다. 아빠는 그 아이가 어디서 오는지 물었습니다. 엄마는 너무 놀라 그것을 물어보지 않았다고 대답하였는데, 이것만으로도 제가 얼마나 환영받았는지 모두 설명될 겁니다.

그다음 작은 흑백 사진에서 저는 큰 카라가 달린 하얀 재킷을 입고 있고 왼쪽 팔에는 이상한 단추를 달고 있습니다. 통통한 볼살 때문에 제 눈은 작아 보였고 머리는 짧은 커트 머리를 하고 있습니다. 저는 모욕당한 듯한 표정으로 카메라를 응시하며 입술은 불만을 표출하듯 잔뜩 내밀고 있네요. 우리는 재킷 안에 무엇이 있는지 자주 추측해보곤 합니다. 오빠는 거기에 스타워즈 인형이 숨겨져 있다고 확신합니다. 그때가 1977년이었고 첫 번째 스타워즈 영화가 막 상영했을 때였기에 여섯 살짜리의 머리에는 온통 루크 스카이워커와 다

스베이더로 차 있었습니다. 엄마는 그 사진을 몇 주 동안이나 보고 계셨습니다. 그 사진은 예정된 세 살 아이의 초음파 사진 같았습니다. 가족 방문 여행 중 실수로 가져오지 않았을 때는 울기까지 하셨습니다. 이에 아빠는 밤새 차를 타고 가서 사진을 찾아와야 했습니다. 부모님이 저에게 그렇게 사랑을 베풀어준 것처럼 언젠가 저도 그 사랑을 베풀며 살고 싶습니다. 당시 이미 그분들의 딸이었지만, 저는 또한 9,000킬로미터 떨어진 서울의 입양 기관 소속이었습니다. 어느 것에도 관심을 갖지 못했고 아무것도 느끼지 못했습니다.

네덜란드 엄마는 그날이 언제였는지 아주 잘 기억하고 계십니다. 저는 그 이야기를 수백 번 넘게 들었고, 그녀는 매번 눈물을 흘렸습니다. 그 이야기는 제가 가장 좋아하는 이야기 중 하나입니다. 우리는 헨드릭 이도 암바흐트(Hendrik Ido Ambacht: 네덜란드 서부에 있는 작은 도시)에 있는 우리 집 근처 거리에 서 있었습니다. 엄마는 앞으로 다가오면서 저를 향해 팔을 벌리며 "우리 집에 들어올 사람?"이라고 외치셨습니다. 저는 망설이지 않고 그녀의 품으로 뛰어들었습니다. 그녀는 저를 끌어안고 빙빙 돌리셨습니다. 그녀의 뺨에는 눈물이 흘러내리고 있었습니다. 그녀는 그 순간 제가 그녀를 사랑한다는 사실을 깨달은 것입니다. 또한, 세상 어디선가 아이의 사랑을 그리워하며 길을 헤매는 여성도 있을 거란 사실도 깨달았습니다. 그 여성은 자신의 목을 감싸는 아이의 작은 팔을 다시는 느끼지 못할 것입니다. 이 이야기에는 많은 사랑이 담겨 있습니다. 나를 위한 사랑과 내게 있었던 한국 엄마의 사랑, 그리고 지금도 여전한 네덜란드 엄마의 사랑.

앨범의 사진에도 빛이 비치는 순간이 시작됩니다. 저는 웃으면서 카메라를 쳐다보고 있고 어떤 사진에서는 사진기 뒤에 서 있는 사람에게 장난스럽게 손을 흔들고 있습니다. 동물원에 갔을 때는 엄마의 팔 위에서 코끼리를 가리키며 웃고 있습니다. 요트가 오스트포르너(Oostvoorne: 남홀란드주의 항구 도시) 항구에 정박해 있을 때는 엄마의 커다란 녹색 선글라스가 제 작은 코끝에 걸려 있습니다. 노란 배 안에서 제가 공주처럼 손을 흔들면 아빠는 집사가 되어 반대편에서 저를 데리러 오셨습니다. 아마도 수백 번은 노를 저으며 왔다 갔다 하셨을 거에요. 오빠는 저와 레고 놀이를 할 때마다 제 얼굴을 쓰다듬었는데 제가 너무 약하게 보였다고 합니다. 첫 번째 기억이 그때로부터 시작된 것 같아요. 마침내 도르트레흐트(Dordrecht: 남홀란드주의 서부 도시)의 웅장한 법원에서 사람들은 저의 새로운 삶을 법적으로 승인했습니다. 은혜란 이름은 미샤(Mischa)가 됐고 박이란 성은 블록(Blok)이 됐습니다.

남들만큼 꿈꾸는 나날들

제가 기억하기로는, 부모님은 항상 저에게 입양아라고 말씀했습니다. 한국 엄마와 아빠가 저를 너무 사랑해서 더 나은 곳에서 더 나은 미래를 펼치기 원하셨다고 설명했습니다. 희생과 사랑이 바탕이 된 이야기였죠. 저는 항상 그 이야기가 아름답다고 생각했고 동화 속 주인공이 된 것 같았습니다. 사람들은 이 이야기를 들으면 눈빛이 바뀌더군요. 이 얼마나 특별하고 아름다운 이야기인가! 그리고 난 얼마나 행복한 삶을 살아가고 있는가! 그렇게 생각하는 것 같아요. 어린 시절, 영화 「애니」를 봤을 때, 저는 붉은 머리카락의 낙천적인 소녀에게 동질감을 느꼈습니다. 그녀도 입양 기관에서 행복한 가정으로 입양됐으니까요. 네덜란드 엄마와 함께 영화관에서 그 영화를 봤을 때 엄마는 제가 다소 실망한 표정을 짓는 것을 보셨습니다. 왜냐하면 영화 속의 보호자는 부모님보다 훨씬 화려해 보였으니까요. "그럼 당신은 입양된 그녀를 정말 친아들만큼 사랑할 수 있나요?" 이것은 백인들만 있는 마을에서 부모님이 한 번쯤 들어봤을 질문입니다. 하지만 그 질문이 너무 어리석다고 부모님은 대답할 가치도 없다고 하셨습니다.

매년 새로운 학년으로 넘어가기 위해 정말 열심히 공부했습니다. 어린이 파티에서는 눈을 가리고 당나귀 게임을 했고, 수영 자격증도 땄고, 발레 레슨을 받았으며, 보트에서 여름을 즐겼고, 스땀뽀트(감자와 채소를 넣고 끓인 네덜란드 전통 음식)를 먹었으며, 겨울에는 스포츠 휴가를 다녀왔고, 악기 연주도 했습니다. 오빠의 레아 공주 피규어에 사인펜으로 핑크 비키니를 그린 적이 있었는데 오빠가 그렇게 화를 내는 것을 처음 보았습니다. 하지만 몇 년 전 그 인형을 여전히 간직하고 있다는 것을 알게 됐습니다.

밤에 침대에서 몰래 네덜란드 라디오 방송을 들으며 잠들던 수줍고 꿈 많은 소녀였습니다. 다른 사람들이 모두 잠들었을 때 어둠 속에서 저명인사들이 중요한 대화를 나누는 마법 같은 장소를 상상하곤 했습니다. 그 스튜디오에 참석하고 싶었지만 큰 문제가 있었습니다. 다른 아시아인들처럼 'R' 소리를 제대로 내지 못해 몇 년간 언어 치료를 받아야 했습니다. 결국, 그 발음을 할 수 있게 됐는데 이것은 저에게 큰 이정표가 되었고, 라디오 방송에 대한 꿈을 키울 수 있게 되었지요. 저는 사춘기 시기를 겪게 됐고 부모님에게 반항도 했고 보통 아이들과 비슷한 과정을 거쳤습니다. 해답 없는 연애에 대한 이야기가 일기에 가득 적혔고 지나쳐간 사랑도 있었습니다. 집에서 독립한 후에는 런던과 세비야 그리고 퀴라소에 살았습니다. 역사와 언어 치료로 학위도 받았고, 많은 직장을 거쳤으며, 라디오 경력까지 쌓았습니다. 또 저를 꼭 닮은 아이들을 가졌고요.

3장

아름답지 않은 진실

좋은 이야기는
항상 실수로 시작된다

어느 여름 날 아머르스포르트(Amersfoort: 네덜란드 위트레흐트에 있는 도시) 시내 작은 광장에서 저는 아들 셈과 함께 걷고 있었습니다. 당시 셈은 두 살 정도였어요. 유모차를 가져왔지만, 그 안에는 거북이 인형만 들어있었습니다. 아이가 계속해서 스스로 걷고 싶어 하기 때문이었어요. 땀에 젖은, 작고 따뜻한 아이 손이 절 꽉 잡은 채였습니다. 그가 태어났을 때 행복에 겨워 며칠 동안 잠을 못 잤답니다. 아이의 얼굴을 바라보는 것을 멈출 수가 없었고 처음으로 절 발견한 것처럼 느꼈습니다. 저와 같은 눈, 검은 머리, 갈색 피부에 코. 제 아기 때 사진은 없지만, 그 모습이 너무 친근했습니다. 이게 바로 아이를 입양하지 않고 낳은 이유였어요. 아이는 제 모든 것이었고 저도 아이의 모든 것이 된 그 기쁨은 정말 대단했습니다. 어디를 가더라도 아이는 저를 따라왔고 저 역시 마찬가지였습니다. 저는 아이를 끝없이 안아주며 아이의 입에서 나오는 문장을 들으며 매일 조금씩 아이를 알아가고 있었습니다. 아이도 저처럼 인생에 대한 믿음을 가지고 있었죠. "뚝딱뚝딱 밥아저씨는 모든 잘할 수 있다."

그런데 갑자기 광장에서 아이의 나이가 제가 버려진 때와 거의 같다는 것을 알게 됐습니다. 그 생각을 하며 어떻게 두 살짜리 아이를 유기할 수 있을까? 만약 아이에게 "여기 잠시만 있어. 엄마가 금방 돌아오게!"라고 말한 후 거기를 떠나면, 아이는 그래도 절 졸졸 따라올 겁니다. 혹은 저를 부르거나 울지도 모릅니다. 울부짖고 혼란스러워하겠죠. 두 살짜리 아이를 어떻게 유기할 수 있겠어요? 제 머리는 그런 생각 때문에 뒤죽박죽이었습니다. 제 출생에 관한 이야기, 어릴 적 들었던 이야기는 전혀 맞지 않는 것 같았어요. 왜 이제야 알게 된 걸까요? 매일 진실된 이야기나 정확한 사실을 추적하는 기자인데, 왜 자신의 이야기에는 의문을 던진 적이 없었을까요? "좋은 이야기는 항상 실수로 시작된다"는 말이 있습니다. 저는 제 실수를 발견한 거죠. 늦었지만, 그럼에도 이것이 좋은 이야기가 되기를 희망합니다.

2013년 1월 말, 저는 네덜란드에서 월드칠드런(네덜란드 입양기관)을 통해 제 입양에 관한 한국 정보를 얻을 수 있는지 한국사회봉사회(KSS)에 이메일로 문의를 했어요. 이것은 마치 제 팟캐스트 「사랑 수업」에서 네덜란드 국왕인 빌럼-알렉산더

와 인터뷰를 하려는 것과 같은 무모한 시도였습니다. 완전히 불가능할 것 같았어요. 그러나 놀랍게도 저는 1년 후에 "K-3611 Park Eun Hye에 대한 KSS의 메일"이라는 제목으로 이 메일을 받았습니다. 저는 메일을 열고 처음으로 한 남성의 사진을 보았는데 그는 분명히 제 생부였습니다.

'미스터 박'이라는 존재

　「스포를로스」와 같은 프로그램을 수년간 보면서 '모르는 사람이 아버지나 어머니라는 말을 들었을 때 그 느낌은 어떨까?'란 생각을 하곤 했습니다. 생각의 오류인데 낯선 얼굴이 아닙니다. 얼굴의 모든 부분(똑 닮은 입, 눈, 미간, 내성적이고 자신에 찬 눈빛)이 익숙하기 때문입니다. 진한 파란색 울 스웨터에 정장을 곱게 차려입은 짧은 머리의 세련된 남성이었습니다. 어떻게 생겼는지 모르고 있었지만 이제 그를 보니까 느껴지고 확실히 알겠습니다. 그는 내가 평생 동안 알고 있었던 사람이에요.

　이메일에는 "새해 복 많이 받으세요! 여기 한국 입양 기관의 편지, 당신 아버지 사진과 당신에게 보내는 총 세 장의 편지가 첨부되어 있습니다."라고 적혀 있었습니다. 저는 이해할 수 없었습니다. 어떻게 저를 유기한 아버지의 눈을 똑바로 볼 수 있을까? 그 메일을 읽었을 때 저는 직장에 있었습니다.

제 숨이 가빠지고 저는 몸이 달아올랐으며 눈물이 제 뺨을 따라 흘렀습니다. 저는 이 상황을 믿지 못했지만 동시에 이 남성이 제 아버지라는 사실을 100% 확신했습니다.

"아버지를 찾았어요!" 저는 이 사실을 네덜란드 엄마에게 전화로 말하며, 15분 만에 '아버지'라는 단어가 영원히 두 명의 사람을 가리킨다는 것을 바로 깨닫게 되었습니다. 한 분은 제가 속속들이 알고 있는 사람이고, 다른 한 분은 사진으로만 본 사람이지만 즉시 알아볼 수 있었습니다. "애야!"라고 엄마가 말씀하셨습니다. 그것은 제가 대단하고 흥미로운 일을 겪을 때마다 엄마가 보이는 정해진 반응입니다. 임신, 직장에서의 승진, 새로운 집 그리고 새로운 아버지. 네덜란드 부모님은 기뻐하셨습니다. 정말로 기뻐하시면서, 저와 마찬가지로 놀라셨습니다. 항상 서류에 '알려지지 않음'으로 기록되었던 사람을 어떻게 찾을 수 있었을까요? 아마도 한국에서 유기 아동이라는 개념은 네덜란드와 다른 무언가를 의미하는 것 같았습니다.

한국 입양 기관의 이메일에는 제 입양에 관한 좀 더 많은 정보를 찾았다는 내용이 있었습니다. 더 많은 정보가 있다고? 훨씬 더 많은 정보가 있었던 거야! 그들은 제 한국 아버지를 찾았고, 저는 삶의 초반에 대한 자세한 내용을 처음 읽었습니다. 어머니의 이름: 이명숙(Myung Sook Lee). 저는 그녀의 이름을 큰 소리로 읽었습니다, "마마 리(Mama Lee)." 아버지와 마마 리가 함께 살았지만 결혼하지 않았다는 것, 마마 리의 부모님들이 그녀와 아버지가 부부가 되는 것을 원치 않으셨고 몇 달 후 저를 떠났다는 사실이 언급되어 있었습니다. 그 이후로 그들에게서 다시는 연락이 없었습니다. 할머니께서 어렸을 때 저를 돌보셨습니다. 그 후에 저는 입양 기관에 들어가기 전까지 아버지와 새어머니와 함께 살았습니다. 여러 가지 문제가 발생하면서 그는 저를 입양시키기로 결정을 내렸습니다. 현재 그는 아직도 새어머니와 함께 살고 있고 두 딸을 두었습니다. 그는 잘 지내고 있었는데 농사를 짓고 있었고 봉사 활동도 많이 하고 있었습니다. 그는 저를 입양 보낸 자신을 탓하고 있었고 제가 그를 찾는다는 말에 기뻐하며 만나고 싶어 했습니다. 저는 아버지가 저에게 쓴 첫 번째 편지를 읽으며 그의 편지와 사진을 토대로 아버지에 대한 이미지를 만들려고 노력했습니다.

우리의 뇌는 들어온 정보를 잘 걸러냅니다. 정보가 너무 복잡하면 새로운 정보가 넘치는 것을 방지하기 위해 몇 개의 작은 문을 닫는 것 같습니다. 그리고 나중에 정보를 소화할 수 있도록 조각을 내서 제공하기 위해 열립니다.

'아버지가 살아 있다. 아버지의 얼굴은 나와 닮았다. 마마리는 그와 헤어졌다. 난 할머니 집에서 살았었다. 아버지에게는 새 아내가 있고, 두 명의 이복 자매가 있다. 아버지는 서로를 찾았다는 것에 대해 기뻐하며, 나를 만나고 싶어 한다.' 그리고 갑자기 한 마디가 저에게 와 닿았습니다: '여러 가지 문제로 인해 그가 입양을 결심한 것이다.' 아동 유기가 아닌 것은 확실한 것 같았습니다. 하지만 편지도 없었고 어떤 아름다운 이야기도 없었습니다. 그냥 제 아버지는 여러 가지 문제 때문에 어느 날 저를 입양 기관에 데려간 것입니다. 어떤 문제들이었을까요? 그 문제들은 아마 새어머니를 통해 두 아이를 낳은 직후에 해결된 것처럼 보였습니다. 두 아이는 입양 기관에 데려가지 않고 곁에 두었으니까요. 그는 제가 자랑스럽다고 적었습니다. 그의 편지는 '사랑하는 나의 딸 은혜'로 시작하고 끝납니다. 저는 그냥 기뻐하고 싶었지만 그 네 마디는 어떤 이유에서인지 솔직하지 않다는 생각이 들었습니다. 한번 버렸던 아이를 얼마만큼 진심으로 사랑할 수 있을까요?

이것은 마치 나쁜 탐정 소설의 결말과 같았습니다. 입양 관련 문서 두 개가 있습니다. 제가 가진 문서에는 내가 유기됐고 부모가 미상이라고 되어 있는데, 입양 기관에는 아버지가 나를 데려왔다는 내용과 함께 그의 이름과 주민등록번호가 포함된 신분증 사본이 있었습니다. 그래서 입양 기관이 아버지를 쉽게 찾을 수 있었던 것이고요. 그런데 왜 숨겨진 문서가 존재할까요? 아마도 입양된 아이들이 친부모와 연락하는 것을 차단하기 위해서였을 겁니다. 그리고 친부모는 물론 자신의 삶을 꾸려나갈 기회를 가져야 할 테니까요. 쓴소리 같지만 저는 다른 이유를 생각해볼 수 없습니다. 입양 기관의 김 부장은 숨겨진 문서의 존재에 대해 일말의 부끄러움이나 후회도 없이 이야기하였고, 그것을 매우 정상적인 절차로 여기고 있었습니다. 그것이 저를 화나게 했습니다. 이 모든 것이 내 이야기의 일부라는 사실이 믿기지 않았고 그러한 이야기가 마냥 싫었습니다. 데릭 볼트 씨도 그 이야기를 좋아하지 않을 겁니다. 갑자기 내게 아주 큰 상처가 생겼고, 나는 무엇이라도 해야만 했습니다. 생물학적으로 그는 아버지이지만, 내가 그에 대해 느끼는 감정은 네덜란드 아빠에게서 느끼는 감정과는 비교가 되지 않았습니다. 그래서 저는 한국 아버지를 "미스터 박"이라고 부르기로 했습니다.

거짓말, 가짜 문서, 돈

네덜란드 부모님은 미스터 박의 사진을 컴퓨터 스크린 세이버로 설정하였습니다. 그분들은 그의 존재를 즉시 받아들였지만, 제 이야기가 다르다는 사실에 충격을 받으셨습니다. 그분들은 유기된 아이를 입양했고 그 아이의 부모가 누구인지 알 수 없는 상태에서 입양했다고 믿고 계셨습니다. 이제 그분들은 잘못된 일에 가담한 것일지 모른다는 생각을 하고 계셨습니다. 엄마는 목소리를 잇지 못하고 "우리가 너를 입양하는 게 옳았을까?"라고 물으셨습니다. 저에게는 다소 충격적인 질문이었습니다. 그것은 제 존재의 핵심을 다루는 문제였기 때문이니까요. 저는 그것이 옳았다고 확신했고, 그분들이 나를 입양한 것에 대해 여전히 감사하고 있으며, 만약 내가 한국에 남았다면 훨씬 나쁜 상황에 놓였을 것이라 확신했습니다. 저는 네덜란드 아빠에게 물었습니다. "지금 한국에도 제 아버지가 계시다는 사실에 대해 어떻게 생각하세요?" 그분 역시 감정적이지만 지금이라도 네덜란드에서 제 자전거에 펑크가 나면 접착제로 타이어 구멍을 때워줄 거라고 말씀하셨습니다.

선행이라는 가면을 쓰고 오랜 세월 동안 입양 세계에서 부정이 발생하고 있었던 겁니다. 2021년 조스트라 위원회의 국제 입양 조사 결과에 따르면 이것은 입양 부모들이 아닌 입양 기관들의 책임임이 밝혀졌습니다. 그 당시 법무 보호 장관이었던 산더 데꺼는 정부 전체 대표로서 사과하고, 입양을 일시 중단하는 결정을 내렸습니다. 물론 입양을 희망하던 부모들 사이에서는 많은 반발이 있었습니다. 이미 오랜 시간을 대기 목록에 있었지만, 아이를 입양할 수 없을지 모른다는 생각에 분노하고 슬퍼했습니다.

이것은 저에게 복잡한 감정을 불러일으켰습니다. 대기 목록에 올라가 있다고 해서 입양 아동을 보유할 권리가 있는 것은 아닙니다. 그리고 저는 네덜란드 정부가 과거에 범한 실수에 대해 상징적 사과를 할 필요성에 대해 회의적이었지만, 데꺼의 "미안하다"는 사과가 제 심금을 울렸습니다. 그들의 실수와 입양 절차를 제대로 감독하지 못했음을 인정하고 이러한 부정으로 인해 많은 사람이 피해를 보았다는 인식을 확인하며 혼자 겪었던 감정이 무엇이었는지를 확인하는 계기가 됐습니다.

저는 토크쇼 「Op1」에 출연해 일시적인 입양 중단에 관해 이야기를 나누었습니다. 방송 전에 출연자들이 음료를 마시고 있을 때 과거 정치인이었던 프레드 떼이번이 저에게 다가왔습니다. 그는 2015년까지 네덜란드 법무부에서 차관을 지낸 바 있습니다. 그는 언젠가 네덜란드 부모들이 입양한 아이들을 구출하려고 콩고로 날아가서 콩고를 떠나지 못한 아이들을 구하려고 시도한 적이 있었습니다. 제가 분장실 의자에서 일어날 때 그가 저에게 말했습니다. "우리 이전에 얘기 나눈 적 있죠?" 저는 그와 악수를 하고 난 후 기억을 더듬으며 "아니요, 당신을 만난 적이 없는데요."라고 말했습니다. 그는 저를 한 번 더 주의 깊게 바라보았습니다. "아니, 그렇지 않아요. 전에 부처 회의에서 당신은 NRC(네덜란드 신문)의 기사를 쓰고 있었어요." 그가 왜 그런 질문을 했는지 이해가 됐습니다. "그 사람은 아눅이에요. 그녀는 제 동료이고요." 저는 속으로 웃었습니다. 종종 사람들이 저와 이야기를 나눈 적이 있다고 확신하는 경우가 있습니다. 학교에서 함께 공부한 적이 있다고 생각하거나, 오랜 기간 함께 일한 것으로 생각하는 경우도 있었습니다. "혹시 당신 야스민 아니에요?"라고 묻기도 합니다. 그러면 저는 그렇지 않다고 말하지만, 상대는 심지어 저를 부인하는 말까지 하기도 합니다. "아니요, 당신은 야스민이에요!" 갑자기 제가 야스민인 것을 인정해야 할 것처럼 말이지요. 그리고 추가로 확인해보면 다른 아시아인을 알고 있는 경우였습니다.

방송 중에 저는 떼이번 씨와 치열한 토론을 한 적이 있는데, 그는 입양을 분명히 자선 행위로 보고 있었고 좋은 일을 하는 것으로 생각하고 있었습니다. 저는 이에 대해 반대했습니다. 좋은 일을 하는 이미지가 오히려 입양 절차를 감독하지 않게 만들었다고 생각했기 때문입니다. 우리는 이견을 조율할 수 없었습니다. 그럼에도 저는 이러한 대화를 계속하는 것이 필요하다고 생각합니다. 입양에 대한 이미지를 바꾸고 입양 아동이 고향에서 방황하다가 입양 부모가 구원한다는 고정 관념을 바꾸고 싶습니다.

입양 절차에 수많은 거짓말이 개입되고 있다는 생각이 듭니다. 또한, 가짜 문서가 작성되고 돈이 오고 가며 누군가는 그 돈을 가져갔고 아이를 입양하라는 압박도 가해졌습니다. 피해자? 아이를 돌보려고 했지만 일하러 나간 사이 그들의 배우자, 어머니, 삼촌 혹은 자매가 아이를 입양 보냈다는 사실을 알게 된 어머니들도 있습니다. 왜냐하면 입양을 보낸 사람들이 돈을 받았으니까요. 또 다른 피해자는 새로운 환경과 가족에 적응해야 하는 아동들입니다. 그들은 자신의 입양 서류, 생물학적 부모 및 입양 동기를 찾으려는 과정에서 이해와 수용을 강요당합니다. 아버지와 어머니가 누구인지 또 그들이 자신을 돌보지 못하게 된 이유를 아는 것은 기본적 권리입니다. 이것은 우리 생애의 시작이기도 합니다. 어디서 왔는지를 모르면 목적지에 도달하기도 어렵습니다. 시작점 없이 항해하는 것과 같기 때문입니다.

입양 부모들도 피해자입니다. 이 맥락에서 종종 잊혀지는 그룹입니다. 문서가 옳다고 생각하고 절차가 타당하다고 믿은 이런 입양 부모들도 피해를 당했습니다. 신중한 선택을 했다는 믿음이 무너지는 순간입니다. 방금 언급한 모든 이유로 입양에 대한 지침이 완벽하게 지켜지지 않는 한 입양을 반대하는 입장을 분명히 표명합니다. 아이를 입양하는 것은 일반적인 구매 행위가 아닙니다. 어머니와 아버지 둘 다 아이를 내주려는 의도가 확실해야 하고 다른 사람들에 의한 압력이 없어야 하며 금전적 거래가 없는 경우에만 정직한 입양이 성립될 수 있습니다. 그래야만 제대로 된 입양이 가능하다고 생각합니다. 저는 그런 조건을 모두 충족하는 입양이 별로 없다고 생각합니다. 거짓말, 가짜 문서, 돈: 제가 들어본 거의 모든 입양에서 반복되는 공통 주제입니다.

"배은망덕한 사람!" 입양에 대해 공개 비판을 한 후에 저는 이런 비난을 자주 듣습니다. 그러나 저는 항상 고마웠습니다. 아무리 고마워도 저는 이제 더 많은 것을 깨닫게 되었습니다. 거짓말을 기반으로 한 입양은 시스템에 손상을 입히는 것으로 대처가 필요한 부분입니다. 비록 사랑스러운 네덜란드 부모님이 계시고 너무 예쁜 아이들, 훌륭한 일, 좋은 집, 최고의 친구들이 있다고 해도요.

4장

그들의 시작을 위해
생겨난 나의 시작

그들의 선택은
최선이었을까

컴퓨터 화면에 그의 얼굴이 뜨자마자, 저는 미스터 박을 직접 만나보고 싶다는 생각을 했습니다. 그가 어떻게 행동하고 어떻게 말하는지 듣고 싶었고, 정말 아버지 같이 느껴지는지 알아보고 싶었습니다. 여행을 준비하는 동안 사사로운 것에 대해 너무 오래 생각하는 저를 발견했습니다. 처음 그를 만날 때 무엇을 입을 것인가에 대해서도 고민했습니다. 예를 들어, 제가 가벼운 바지 정장을 입으려고 하는데, 저의 성공한 모습을 충분히 나타낼 수 있을지 궁금했습니다. 그리고 준비한 선물이 허세로 비치지 않을 정도로 너무 비싸지 않아야 한다고 생각했습니다.

처음으로 한국을 방문하는 것에 대해서도 기대감이 생겼습니다. 참 이상하죠? 저는 과테말라의 작은 마을들을 방문했고 태국의 알려지지 않은 사원들의 향을 맡았으며 보네

르(카리브해와 베네수엘라 북부 해안에 면한 네덜란드령의 섬)에서 작은 당나귀를 쓰다듬기도 했지만, 한 번도 가장 당연히 가보아야 했을 나라로 돌아가고 싶은 욕구를 느낀 적이 없었습니다. 아마도 끝난 후 햇볕에 그을린 채, 재미있고 모험 가득한 스토리를 가지고 돌아오는 휴가가 아니기 때문일 겁니다. 오히려 돌아왔을 때 내가 어떤 상태일지 확신할 수 없는 여행이라는 것을 무의식적으로 알고 있었기 때문일지도 모릅니다.

저는 이 여행에 대해 라디오 다큐멘터리를 만들기로 결심했습니다. 이를 위해 사전에 정리해야 할 일들이 점점 더 많아져 긴장을 벗어버리기 위해 입양 기관을 대표하는 김 부장과 이메일을 주고받았습니다. 김 부장은 미스터 박을 찾아낸 사람이자 지금 미스터 박과 나의 만남을 조율하고 있습니다. 그녀는 우리의 만남을 입양 기관에서 진행하자고 제안했습니다. 그것은 가장 논리적이면서도 동시에 가장 비논리적인 것처럼 느껴졌습니다. 마치 아픔의 원천인 깨진 박 속으로 다시 돌아가는 느낌이었습니다. 그동안 그녀는 미스터 박이 보낸 편지를 영어로 번역해 전달했는데, 그 편지들은 저의 첫돌이 어떻게 지나갔는지 생생하게 보여주었습니다. 저는 새로운 정보의 조각들을 앨범 사진처럼 머릿속에 소중히 간직했습니다.

제가 한국에서 거쳐 간 집은 총 다섯 곳이었습니다. 그러나 이를 설명하기 전에 한 가지를 먼저 알아야 했습니다. 한국에서는 태어나는 순간 이미 한 살이 된다는 사실입니다. 그들은 아이의 심장이 뛰기 시작할 때부터 나이를 세기 시작합니다. 태아 때부터 나이를 계산한다는 게 특이했습니다. 이것은 탄생하기 전에 자궁 안에 있고 해를 보지 못했다 해도 살아 있다는 의미입니다.

한 살 때 첫 번째 집은 미스터 박과 친엄마가 함께 했지만, 그 집에서의 생활은 오래가지 않았습니다. 며칠 후 친엄마는 우리를 떠났고 미스터 박은 저를 시골에 계시는 할머니에게 데려갔습니다. 그것이 두 번째 집이었습니다. 그동안 미스터 박은 새 아내를 맞았고 그들의 새로운 집에서도 잠시 살았습니다. 그것이 세 번째 집이었습니다. 어느 날 미스터 박과 그의 새 아내는 첫 번째 아이를 가지게 됐다는 이유로 저를 수원의 입양 기관에 데려가기로 결심했습니다. 미스터 박이 주장하기를 당시 경제적으로 힘들어서 집을 옮겼는데 집주인이 입양을 조언했다고 합니다. 저는 그 그림이 맞지 않는다고 생각합니다. 그곳은 제 네 번째 집이었습니다. 마지막 집인 다섯 번째 집은 서울에 있는 입양 기관이었습니다. 수원의 입양 기관에 대한 기억은 없지만, 서울의 입양 기관은 어떻게 생겼는지 기억합니다. 미스터 박이 저를 데려간 날을 떠올릴 때마다 저는 주로 서울의 입양 기관을 상상합니다.

그곳에는 붉은 벽돌과 회색 벽돌로 지어진 장엄한 건물이 있었고 중앙에 정확히 열 개의 계단이 현관으로 이어졌습니다. 미스터 박과 임신한 새어머니가 저와 함께 차를 타고 갔습니다. 그리고 차를 주차장에 주차했겠죠. 아마도 내리기 직전에 잠깐 주저했을지도 모릅니다. 아버지와 새어머니가 다시 한번 망설이며 눈길을 교환했을 수도 있습니다. 그녀가 그의 다리에 부드러우면서 단호하게 손을 얹었거나, 아니면 그녀의 아직 태어나지 않은 아기 위에 손을 얹으며, "다른 방법은 없어, 이것이 최선이야"라고 말했을 것입니다. 아마 저는 그녀의 무릎 위에 앉아 있었거나, 아니면 뒷자리에 앉아 있었겠죠. 저는 무언가 즐거운 일을 하러 간다고 생각했을 것입니다. 그들은 차에서 내려 저를 들어 내리게 한 후 셋이서 열한 개의 계단을 함께 올라갔습니다. 제가 자신감을 가지고 따라갔을까요, 아니면 무언가 나쁜 일이 일어날 것이라 짐작하고 그들의 손에 끌려갔을까요?

저는 어떤 어머니나 아버지가 자신의 아이를 입양 기관에 데려갈 수 있는지 절대 이해하지 못하겠습니다. 왜냐하면 이러한 계획이 머릿속에 처음 떠오르면서 실행되기까지 몇천 번, 몇 만 번이나 자신을 설득할 기회가 있기 때문입니다. 아이를 낡은 신발이나 오래된 신문처럼 버릴 수 없다고 스스로에게 말할 수 있지 않았을까요? 아이를 버린다는 것은 자신의 일부를 버린다는 의미입니다. 열한 계단, 돌아설 수 있는 열한 번의 기회, 다시 함께 차에 타고 다시는 입양을 언급하지 않기로 서로 약속했어야 했습니다. 한 시간 후 함께 다시 집에 돌아와 차를 마시며 "이것은 새로운 시작이야. 우리는 다시 시작할 수 있어. 그냥 이렇게 하자"고 서로 다짐했어야 했습니다. 그러나 미스터 박은 결국 그렇게 날 보냈고 새어머니도 같은 마음이었습니다. 그리고 저는 그 뒤를 따라갔고 아무것도 모른 채 두 번째 삶을 맞이해야 했습니다.

낯선 땅에서 마주한
과거의 시간

기억이 없는 장소에서도 집 같은 느낌을 가질 수 있다는 것이 정말 신기합니다. 비행기에서 내리는 순간 스쳐 지나간 생각은 매우 익숙하다는 느낌이었습니다. 공항 때문이 아니라 그 냄새 때문입니다. 식초와 마늘이 섞인 냄새. 한국 사람들의 피부에서 뿜어져 나오는 김치 냄새처럼. 이 냄새는 낯선 세계로 저를 데려갔지만, 과거의 세계이기도 합니다. "한국에 오신 것을 환영합니다"란 표지판을 보면서 저는 다른 어느 나라에서도 이렇게 환영받은 적이 없다는 생각을 했습니다.

인사동 지역의 호텔 방 창문으로 보이는 조계사와 생동감 넘치는 등불들을 바라보면서, 저는 오전에 있을 만남을 준비했습니다. 상봉하는 날 아침, 저는 그 절을 방문했습니다. 절 안에서 스님들의 염불 소리가 들려오고, 목조 건물 내부를 살펴보면서 한국인들이 방석 위에서 기도하는 모습을 볼 수 있었습니다. 순발력 있게 무릎을 꿇고 이마를 방석에 대며 팔을 뻗어 합장하는 자세였습니다. 그들은 그 자세를 유지한 채 다시 등을 펴고 일어서서 그 동작을 반복합니다. 저는 그들이 무엇을 생각하고, 무엇을 바라는지, 그들의 삶에서 무엇을 그리워하는지 궁금했습니다. 아니면 그들은 그들의 삶이 완전하다고 생각한 채 부처님에게 감사하고 있었을까요?

음악, 향로 향, 이 모든 것이 저에게 강하게 다가왔습니다. 저도 모르게 눈물이 뺨을 따라 흘러내렸습니다. 오늘 미스터 박을 만나게 될 것이라는 생각, 이날을 평생 잊지 못할 것이라는 생각, 그것이 저를 감동시키고 동시에 두렵게 만들었습니다. 37년 전 네덜란드 부모님과 오빠가 스히폴 공항의 조그만 공간에서 저를 기다리던 것처럼, 저는 입양 기관의 방에 앉아 있었습니다. 몇 개의 의자, 책상, 형광등뿐이었습니다. 수많은 질문에 대한 답을 가진 한국의 아버지, 그를 기다리며 이 순간 내 머릿속에 울려 퍼지는 것은 단 한 가지 질문뿐이었습니다. 저는 그를 만날 때 어떤 감정을 느낄까요? 분노일까요, 아니면 기쁨일까요? 아니면 텔레비전 프로그램에서 본 것처럼 입양인들이 눈물을 흘리며 말하듯이 집에 돌아온 느낌일까요?

복도에서 발소리와 소음이 들렸습니다. 문이 열리고 거기에는 미스터 박과 새어머니, 그리고 이제는 그리 새롭지 않은 여성이 서 있었습니다. 그들은 매우 단정하게 차려입고 있었습니다. 아버지는 재킷을 입었고 새어머니는 정장을 입고 있었습니다. 그는 생각한 것보다 키가 작았습니다. 조심스럽게 미스터 박이 저에게 다가와 악수를 했습니다. 마침내 불편한 포옹이 이루어졌고 그것은 그가 의도한 것이 아니라 제가 주도했다는 것이 맞을 것입니다. 저는 큰 소리로 울었습니다. 새어머니 역시 아버지보다 더 감정적인 모습을 보였습니다. 그녀는 제 팔을 쓰다듬기까지 했습니다.

37년 만에 생부를 만난 진짜 감정은 어땠을까요? 혼란스럽고 슬프면서도 동시에 치유되는 순간이었습니다. 그의 동작, 움직임, 대화 중에 가끔 눈을 피하는 모습을 봤습니다. 어떻게 나와 그렇게 닮았는지 신기했습니다. "미안해, 미안해" 그가 말했습니다. 그리고 저는 "괜찮아요. 저는 행복해요. 당신을 용서해요"라는 마지막 세 문장을 입 밖으로 내뱉었습니다. 나중에 저는 제 말이 진심인지 의문을 품었고 그것을 어떻게 생각해야 할지 곱씹었습니다. 아니면 그것은 예의상 한 말이었을까요?

용서는 매우 복잡한 과정입니다. 그것은 시작이라고 할 수 있습니다. 몇 년이 걸릴 수도 있고 아마도 영원히 끝나지 않을 수도 있습니다. 진정한 용서를 위해서는 다른 사람이나 자신의 행동을 완전히 이해하고 수용해야 하고, 분노나 원한이 조금도 남아서는 안 됩니다. 다른 시간, 다른 상황에서 저도 똑같이 했을 것이라 상상할 수 있어야 합니다. 저는 아직 그 정도까지 도달하지 못했습니다. 아직까지는….

한국의 크고 작은 부조리들

입양 기관의 김 부장은 여러 가지 선물을 주었습니다. 그 선물들이 마치 보상 같은 느낌을 주었습니다. 부채, 필통, 도자기로 된 작은 그릇, 입양 기관 사진이 박힌 머그잔 등이 있었습니다. 실제로 그 잔을 직장에서 사용할 것을 상상하니 웃음이 나왔습니다. 그리고 동료들이 "앗, 이거 웃기는데, 이건 무슨 건물이에요?"라고 물으면 무심하게 "오, 그건 친아버지가 저를 맡기고 간 입양 기관이에요."라고 대답하겠죠.

입양 기관에서 아버지를 상봉한 후, 우리는 한국인들이 항상 하는 것처럼 식사를 했습니다. 그들은 제가 한국 음식을 좋아할지 확신할 수 없어 서양식 뷔페식당을 예약했습니다. "상봉을 축하하기 위해 와인을 마셔야 해" 미스터 박이 말했습니다. 우리는 재결합을 축하하며 건배하고 몇 모금의 와인을 마신 후 내 얼굴이 그의 얼굴처럼 빨개지는 것을 보고 둘 다 웃음이 터졌습니다. 그는 네덜란드에서 사는 것이 어떤지 물었습니다. 그는 언젠가 한번 비즈니스 출장으로 네덜란드에 간 적이 있다는 이야기를 했습니다. 왜 그 사실을 저에게 알리지 않았을까 생각했지만, 당시에는 제가 어디에 사는지 알지 못했을 것입니다. 미스터 박은 서로 상봉하는 텔레비전 프로그램을 자주 보았다고 합니다. 한국판「스포를로스」같은 프로그램이었는데 그럴 때마다 눈물을 흘렸다고 했습니다. "우리는 너를 찾고 싶었지만 찾을 방법이 없었어"라고 그는 말했습니다. 입양 기관에서 있었을 때 물어볼 수 있었을 텐데. 그 당시에는 그렇게 하지 못했나 봅니다.

이어서 한국에서 중요한 의례 중 하나인 선물 교환 시간이 되었습니다. 저는 제 사진 액자와 스트롭바플, 나막신 모양의 도자기를 선물했고, 그는 저에게 그가 줄 수 있는 가장 아름다운 선물을 했습니다. 흑백 사진이었습니다. 사진 속에서 젊은 미스터 박이 어두운 목폴라 스웨터를 입고 머리를 기른 채 진지한 눈빛으로 저를 안은 모습을 볼 수 있었습니다. 저는 하얀색 재킷과 후드를 입은 채 인형을 들고 있습니다. 저는 매우 슬픈 표정을 짓고 있었습니다. 어쩜 입양 기관에 간 순간부터 제 삶이 시작된 것이란 생각이 들었습니다.

제가 그 입양 기관을 떠난 지 1년 후에 새 건물을 짓기 위해 그 건물이 완전히 철거됐다는 소식을 들었습니다. 전형적인 한국식 사고방식이죠: 과거에 머물지 말고, 앞으로 나아가야 한다. 비록 저는 거기에서 짧은 기간 살았지만, 그 소식은 저에게 충격이었습니다. 그 건물은 수천 명의 한국 아이들이 떠나기 전에 머물렀던 유일한 집이고 새로운 삶을 시작하기 전 마지막 보금자리였는데 왜 그 건물을 철거했을까요? 그 입양 기관은 우리에게 있어 잃어버린 어린 시절의 박물관이었습니다.

이 첫 만남 이후에도 더 많은 만남이 이어졌고 항상 식당에서 만났습니다. 그것이 편하게 느껴질 수도 있지만 실제로는 아니었습니다. 한국에서는 예절을 중시하고 특히 식사 중에 그런 경향이 더 강합니다. 실수하지 않도록 항상 집중해야 하니까요. 먼저 저는 항상 한국어로 미스터 박에게 공손한 호칭을 사용해야 했습니다. 식탁에서는 가장 연장자가 먼저 식사를 시작하므로 미스터 박이 먼저 식사를 시작하게 됩니다. 저는 그의 식사를 담아주고 음료를 따르는데, 그렇게 할 때마다 왼손으로 오른쪽 손목 아래를 잡아야 했습니다. 와인이나 맥주를 마실 때는 얼굴을 옆으로 돌려 마셔야 합니다. 젓가락을 교차하지 말아야 하는데 그렇게 하면 무례한 행동이라고 합니다. 그가 식사를 마치면 저는 빠르게 커피를 가져와야 했습니다. 두 손으로 주는 것을 잊지 않아야 합니다. 식사가 끝나면 항상 돈을 지불하는데 문제가 있었습니다. 이번에는 제가 돈을 낼 수 있도록 허락을 받으려면 말싸움이 이어졌습니다. 다섯 번 중 네 번은 그가 지불했지만 이것은 정말 피곤했습니다.

또 다른 엉뚱한 장면으로 미스터 박이 식사를 마치고 일어서면 저 또한 그를 따라가는 습관이 생겼습니다. 제가 남자 화장실까지 따라 들어가자 그는 깜짝 놀라며 저를 쳐다봤습니다. 헨드릭 이도 암바흐트에서 네덜란드 부모님과 오빠와 함께했던 간단한 홈 파티가 그리웠습니다. 식사를 동시에 시작했는데, 유일한 규칙이 있다면 전기 그릴로 집에 불을 내지 않는 것이었습니다.

    예절의 모든 절차 도중에도 저는 미스터 박과 좀 더 깊은 대화를 나누려고 시도했습니다. 거의 40년 동안 볼 수 없었던 사람과 어디서부터 시작하면 좋을까요? 처음부터 시작해야겠죠. 친엄마와의 만남부터 말이에요. 그는 베트남 전쟁 중에 군대에 있었고, 베트남인과 싸우다가 헬리콥터에 몸이 매달리면서 부상을 입었다는데 신문에 그의 사진이 실렸다고 합니다. 친엄마는 그 사진을 보았고 그 이야기를 읽은 후 그를 찾아와 그에게 사랑을 고백했다고 합니다. 그것은 한국 드라마에서나 볼 수 있는 믿기 어려운 장면 같았습니다. 물론 저는 그녀에 대해 모든 것을 알고 싶었어요. 그녀가 어디서 자랐는지, 부모님은 누구신지, 형제자매들의 이름, 또 어디에서 일했는지 등. 그러나 그는 더 이상 기억이 나지 않는다고 했습니다. 저는 그것이 상상이 가지 않았습니다. 어렸을 적 모든 연애 상대들이 어느 마을에서 왔는지, 그들의 부모님이 어떤 직업을 가졌는지, 어디에서 일했는지, 어느 학교에 다녔는지 등을 아직도 기억하고 있으니까요. 뻬이떠는 헤임스께르크에서 왔고, 야임의 아버지는 트럭이 그의 차 위에 떨어져 고속도로

교차로에서 돌아가셨고, 헬라디오의 부모님은 세비야에 사셨습니다.

가끔 제가 미스터 박과 단둘이 식사를 하게 되면, 그는 친엄마에 대해 자유롭게 이야기를 해주었습니다. 그가 그녀를 정말로 사랑했음을 느낄 수 있었습니다. 가끔 새어머니가 함께 들어도 싫은 표시를 내지 않았습니다. 그녀는 제 손을 잡아주었고 이상하게도 그것이 불편하지 않았습니다. 그녀는 저에게 미스터 박과 함께 살았을 때 제 손을 놓지 않으려고 했고, 미스터 박이 일하러 가면서 그녀와 더 많은 시간을 보냈다고 말했습니다. 그러면서 저는 다루기 쉽지 않은 힘든 아이였고 밥을 먹지 않고 자주 울었다고 했습니다. 그녀가 저를 힘든 아이였다고 표현하면서 기억을 끄집어내는 것이 저에게는 거슬렸습니다. 당연합니다. 그녀가 저를 만나기 전에도 저는 남을 잘 따르지 않았으니까요. 여러 집을 옮기며 다른 사람들에게 애정을 표현했어도 결국 제 삶에서 사라져 버렸기 때문에 벌어진 일입니다. 그녀가 좋은 기억을 나와 함께 나눴다면 더 감동적이었을 거에요.

그녀는 저를 입양 기관으로 보내기로 결정한 후에 친엄마가 그녀를 찾아왔다고 말했습니다. 친엄마는 그녀와 크게 싸웠다고 합니다. 그런데 친엄마는 저를 입양 보내기로 한 것을 모르고 있었을까요? 아주 당연한 질문이었지만 당시에는 그런 질문을 하지 않았습니다. 지금 생각해보면 어리석었죠. 제가 인터뷰 진행자로 일할 때는 항상 적절한 질문을 적절한 순간에 할 줄 알고 있었습니다. 그러나 미스터 박이나 새어머니와 대화를 할 때는 그들의 이야기를 듣는 청중처럼 앉아 있었습니다. 다음번에 그들과 이야기할 때 저는 더 예민해져야 하고, 스펜 꼬껄만(Sven Kockelmann: 네덜란드 저널리스트로 무언가에 매우 집중하는 사람) 모드를 활성화시켜야 합니다. 더 깊게 파고들어야 합니다. 공격적으로 질문해야 합니다. 강한 서브로 물리쳐야 합니다.

나쁜 연극에
출연한 기분

　식당 식사 후에 "내가 낼게", "아뇨, 제가 낼게요"하고 실랑이를 하는 엉망인 연극 끝에 방금 3시간 동안의 식사를 마쳤는데도 항상 저의 손에는 한가득 장바구니가 들려 있습니다. 그 장바구니 안에는 두유, 초콜릿, 빵, 과자 등이 들어있습니다. 그런 다음 우리는 고개를 숙이고 서로 다른 방향으로 걸어가며 작별 인사를 합니다. 그와 같은 예절은 위험하기까지 합니다. 미스터 박이 이렇게 하면서 몇 번이나 계단에서 넘어지는 모습을 봤으니까요.

　매번 만남 후에 저는 몸서리치는 기분으로 호텔로 돌아갑니다. 나쁜 연극의 고통과 작은 정보 조각들을 처리하는 것에 피곤함을 느낍니다. 저는 마치 사실을 모두 모으려고 조사하는 기자처럼 행동하지만, 제 머릿속은 전혀 명확해지지 않았습니다. 한쪽이 마치 분홍 구름에 둘러싸인 것 같았습니다. 이 나라가 예상치 못하게 편안함을 주었고, 미스터 박의 얼굴과 목소리를 들으며 점점 더 작은 퍼즐 조각들을 손에 쥐게 됐습니다. 비록 그것이 아주 작은 조각들이고 퍼즐이 어떻게 완성될지 아직 모르지만. 또 다른 한편으로는 아직도 그의 이야기와 저에게 말하지 않은 것에 대해 강한 의구심을 품었습니다. 이것은 단지 단편적인 이야기에 불과합니다. 게다가 이상하게 들릴지 모르지만, 제가 그를 정말로 좋아하는지도 모르겠습니다. 그는 자신의 회사, 자동차, 자원봉사 활동에 대해 자랑했습니다. 그는 제가 너무 가까이 다가가는 것을 허락하지 않았고 자신의 집에 초대도 하지 않았습니다. 그는 때때로 무례하고 성급했습니다. 비만인 어린아이를 조롱하는 때도 있었습니다. 그가 웨이터들에게 어떻게 명령하는지를 볼 수 있었습니다. "당장 채소를 더 가져와, 이 애는 채식주의자야!" 그는 제게 미백 크림을 선물하면서, "네 피부가 너무 어두워, 그건 건강하지 않은 모습이야"라고 말했습니다. 어떤 행동이 문화적인 행동인지 또 어떤 행동이 무례한 것인지 어떻게 구분할 수 있을까요?

반면에 그의 모습에서 저 자신을 많이 발견합니다. 그는 저와 마찬가지로 일에 열중하는 사람이었고, 저와 마찬가지로 잠을 적게 자며 항상 바쁜 나날을 보냅니다. 우리 둘 다 아주 시고 매운 음식을 좋아하고 와인을 한 모금 마신 후에는 얼굴이 빨갛게 변합니다. 그는 항상 마지막 버스를 타야 할 것처럼 빠르게 걸었고 서울의 혼잡한 거리를 운전할 때 길을 잃는 일이 자주 있었습니다. 교통 체증에 꼼짝을 못할 때면 참을성 없는 모습을 보였고 다른 사람들이 웃지 않는 작은 일에도 크게 웃었습니다. 그는 저에게 명함이 있는지 물었고, 저도 당연히 양손으로 명함을 건네드렸습니다. 그는 두 손으로 명함을 집어 들고 이해할 수 없는 네덜란드어 단어들을 손가락으로 쓸어보며 자랑스러운 표정을 지었습니다.

우리가 마지막으로 만났을 때 그는 저에게 봉투를 건넸습니다. 그 안에는 지폐 뭉치가 대략 400유로나 들어 있었습니다. 이것 역시 입양 기관에서 받은 선물처럼 뭔가를 보상하려는 것처럼 느껴졌습니다. 저는 돈을 돌려주려고 했지만, 그는 화를 냈습니다. 저는 그제야 한국 아버지들이 자주 딸에게 돈을 주는 관습이 있음을 알게 되었습니다. 그리고 그의 한국 딸인 저는 이야기 속에서 듣거나 여러 책에서 읽었던 그 누군가와 다른 사람처럼 느껴졌습니다. 멀리 있지만 제가 닮았다고 생각하는 사람, 세월이 갈수록 더욱더 궁금증을 자아내는 사람. 그 사람의 돈을 꺼리면서도 받았습니다. 제가 네덜란드로 돌아갈 때 그는 배웅하러 나왔습니다. 그는 저에게 인삼 다섯 봉지를 주었습니다. 그것들을 어떻게 사용해야 할지 모르겠지만 중요한 것은 그의 태도였습니다. 저는 가게에서 한 팩의 인삼 가격이 100유로(한화 약 16만 원) 이상인 것을 확인했습니다. 버스가 공항으로 향하는 동안 미스터 박이 점점 작아지는 모습을 지켜봤는데 그는 손을 흔들며 작별 인사를 하고 있었습니다. 이것이 아버지와 딸 사이의 새로운 시작임을 느꼈습니다. 우리는 정기적으로 와츠앱을 통해 연락을 유지하기로 약속했고, 저는 그에게 스트롭바플을 담은 소포를 보냈습니다. 그는 제게 고추장을 담은 소포를 다시 보내며 새어머니와 함께 크리스마스를 보내러 네덜란드로 오기로 했습니다. 이것은 아주 멋진 「스포를로스」의 후속편이 될 것입니다.

2부

어두운 과거와
직면한다는 것

5장

받아들여지지 않은 용서

추가 설명이 필요한 사람

네덜란드로 돌아와서 저는 다시 기자로서의 업무에 몰두했습니다. 일이 바빴지만, 머리는 한층 더 평온해진 것 같았습니다. 매주 토요일에는 암스테르담에 있는 한글 학교에 가서 몇 시간 동안 한국어를 더 잘 구사하기 위해 공부했습니다. 평일에는 열심히 단어를 외우고 문법 공부를 하고 있습니다. 이 복잡한 언어가 다양한 존칭어를 포함하고 있음에도 불구하고 익숙하게 느껴졌고, 한국에서 태어나지 않은 사람들보다 더 쉽게 습득되고 있다는 것은 정말 특별했습니다. 토요일마다 저는 한국 친구들과 함께 한국 분위기에 빠지곤 합니다. 대부분은 케이팝과 케이 드라마의 열렬한 팬으로 한국어를 배우고 즐기려는 사람들입니다. 그들은 자막 없이 자신들이 좋아하는 음악과 드라마를 즐기고 싶어 합니다. 일부는 다른 입양인들로 그들의 가족 찾기와 한국 부모와의 관계에 대해 끝없는 대화를 나눴습니다. 우리는 김치와 김밥을 만들고 한국 영화를 감상하고, 한국 식당에서 식사도 했습니다.

때로는 교실을 둘러보면서, 한국에서 입양된 우리가 이 언어를 배우기 위해 큰 노력을 기울이는 것이 얼마나 이상한지에 대해 생각해보았습니다. 그들과의 유대 관계를 구축하고 문화를 이해하는 과정이 이어졌습니다. 하지만 그 반대가 되어야 하지 않을까요? 사실 한국 부모님들은 우리에게 뭔가를 해야 합니다. 도리어 그들이 토요일에 어학원에서 네덜란드어를 배워야 합니다. 그들은 우리를 찾기 위해 노력해야 하고 우리 문화를 이해하고 우리와 유대 관계를 형성하기 위해 노력해야 합니다.

다른 입양아들의 이야기를 들으면 들을수록 그 이야기들이 항상 행복한 것은 아니라는 사실을 알게 됐습니다. 연락을 끊는 한국 부모들, 언어를 완벽하게 구사하지 못하는 것을 탓하는 한국 할머니 등. 저 역시 만남 이후 연락이 계획대로 원활하게 진행되지 않았습니다. 제가 보낸 메시지에 아무 응답도 없었습니다. 네덜란드 제품으로 가득한 소포를 보내도 답을 받지 못하는 경우가 더 많았습니다. 어느 순간 한국 쪽에서 연락이 끊어졌습니다. 저는 그것을 이해하지 못해 한국어 선생님에게 물었습니다. 그녀는 저에게 미스터 박에게 조심스럽게 다가가야 한다고 말했습니다. 그에게는 시간이 필요하며 제가 갑자기 그의 삶에 나타난 것이 매우 큰 변화라는 것을 이해해야 한다고 말했습니다. 저는 그 반대여야 한다고 생각합니다. 제가 그를 찾았고, 용서했고, 다시 받아들이기로 결정했고, 그에게 두 번째 기회를 주었으므로 그는 기뻐해야 마땅합니다. 그가 할 일은 저와 연락을 유지하는 것뿐인데 그게 그렇게 어려운 일일까요? 한국 문화에 대해 점점 더 어려움을 겪고 있습니다. 사실 저에게는 네덜란드 문화도 있습니다. 그 문화의 규범과 가치관에 따르면 이런 식으로 사람들과 교류하는 것은 바람직하지 않습니다.

돌아가는 길에 저는 자동차를 운전하면서 흐느꼈습니다. 왜 제가 누군가와 더 나은 의사소통을 위해 머리에 수많은 단어를 굳게 새겨야 하는지 궁금해졌습니다.

어디 출신이에요?
헨드릭 이도 암바흐트입니다.
아니요, 정말 어디 출신이에요?
대한민국이에요.
입양되셨나요?
네, 세 살 때 입양됐어요.
친부모를 만나 보셨나요? 아니면 그분들은 더 이상 살아 계시지 않나요?
제 한국 아버지는 저와 연락하려고 하지 않으시고, 저는 아직도 한국 어머니를 찾고 있어요.

이런 대화는 수없이 반복됐습니다. 생일 파티, 직장, 카페,

체육관에서도. 당연한 호기심에서 나온 질문들이지만 완전히 낯선 사람들이 제 가장 깊은 상처에 대해 4가지 질문으로 건드리는 것이 불편했습니다. 저의 본질까지 보여주는 느낌이었으니까요. 처음으로 그 질문을 받았을 때 너무 싫었던 기억이 있습니다. 그래서 중국 출신이고 부모님이 근처의 중국 음식점을 운영하고 있다고 대답한 적도 있습니다. 그러면 그것으로 끝이니까요. 간단하게 대답하면 복잡한 질문이나 의아한 시선이나 연민에 찬 눈길을 피할 수 있었습니다. 「스포를 로스」라는 프로그램은 더 이상 보지 않습니다. 서로 울며 안고 껴안는 사람들, 그리고 그들이 크리스마스를 함께 즐겁게 보내는 모든 후속 프로그램을 더 이상 보지 않을 겁니다. 사실 미스터 박이 저의 잘못된 입양 서류에 미상으로 있을 때가 더 쉬웠습니다. 그를 찾았고, 이제 그는 얼굴, 목소리, 그리고 원하는 것이 있습니다. 미스터 박은 저와 연락하는 것을 원치 않았습니다.

애니 증후군

어학원 홈페이지의 게시판을 통해 저는 수현이라는 20대 한국인과 연락을 주고받게 되었는데, 그녀는 사랑 때문에 위트레흐트에 왔습니다. 우리는 매주 카페에서 만났는데, 저는 그녀에게 네덜란드어로 말하고 그녀는 저에게 한국어로 말했습니다. 우리는 친구가 되었습니다. 그녀가 처음으로 나와 만난 순간부터 얼마나 헌신적이고 멋진 친구인지 느껴졌습니다. 그녀는 저에게 진심으로 신경 써주었고 이번 여행을 통해 찾게 된 아름다운 사람 중 한 명이었습니다. 언어를 연습하면서 그녀는 주로 한국 문화를 더 잘 이해할 수 있도록 도와주었습니다. 한국의 남녀 간의 관계가 어떤 것인지, 아버지와 딸의 관계 등을 가르쳐 주었습니다.

"왜 그가 연락하고 싶어 하지 않는지 정말로 알고 싶은데, 그에게 물어봐도 되지 않을까?" 그녀는 당근, 파, 호박을 채로 얇게 썰면서 좋아하는 비빔밥을 함께 만들고 있었습니다. "아니요!" 그녀가 대답했습니다. "그건 무례한 질문이니까요. 하지만 그분에게 더 자주 연락을 취할 수 있는지는 물어볼 수 있어요. 그가 왜 그렇게 하는지는 묻지 마세요." 얼마나 에둘러서 간접적으로 말해야 하는지 이해하기 어려웠습니다. 그것은 네덜란드 친구들이 저에게 말하는 것과 정반대 방식입니다. "왜 그가 연락을 안 하려고 하지? 말도 안 돼! 좀 더 단호하게 해야 하는 것 아냐?" 저는 분명히 한국인보다는 네덜란드인입니다.

저는 아들과 함께 9일간 서울에 가서 가족들과의 유대를 다지기로 결심했습니다. 우리는 출발하기 직전 헤이그에 있는 입양 코치 힐브란트 베스트라의 사무실을 방문해 조언을 구하기로 했습니다. 그는 수년간 한국인 입양아의 가족 찾기와 이후 문제에 대해서 도움을 주고 있습니다. 그는 책상 뒤에서 내 이야기를 인내심 있게 듣고, 이것이 입양에 대한 로맨틱한 상상의 전형인 애니 증후군이라고 설명했습니다. 맞아요! 저도 그런 추측은 이미 했습니다. 그래서 「애니」 영화를 여섯 번이나 봤습니다.

"그러나 이제 미스터 박을 다시 만나게 된다면 어떤 접근 방식이 가장 좋을까요?" 힐브란트 씨는 저에게 도전적인 질문을 하면서 "당신은 그로부터 무엇을 원하십니까?"라고 물었습니다. 제가 그를 찾았고, 그를 용서하고, 두 번째 기회를 주었으니, 이제는 그를 내 삶에 포함하고 저와의 인연을 이어나가기를 원한다고 말했습니다. "이 상황에서 누가 부모처럼 행동하고 누가 아이처럼 행동하나요?" 그가 다시 물었습니다. 저는 저 자신이 부모 역할을 하고 있다는 것을 인정해야 했습니다. "만약 당신이 부모처럼 행동한다면, 실제 그의 딸이 될 수 있을까요? 당신은 아버지와 연락을 원하는 딸이기 때문에 딸의 위치를 지켜야 해요. 이 과정에서 앞서가지 말고 그냥 그대로 기다리세요. 당신은 지금 그를 궁지로 몰고 있습니다. '저는 당신에게 최선을 다했고 당신을 용서했으니 이제 당신이 뭔가를 해주기를 원합니다'라고 말한다면, 이것을 리페이 증후군(repay-syndrome)이라고 부릅니다." 두 가지 증후군을 얻고 저는 고요한 건물을 떠났습니다. 베스트라와의 상담으로 얼굴에 찬물을 맞은 듯한 유익한 경험을 하였습니다. 가족 관계는 강제로 만들 수 없지만, 욕심을 내면 깨질 수 있는 것입니다.

내가 모르는
내 이야기들

그동안 저는 「미스터 박」이라는 라디오 다큐멘터리를 만들고 있었습니다. 그것은 그를 찾는 여정과 현재 진행 중인 상황에 관한 이야기이며, 지금까지 만든 다큐멘터리 중에 가장 개인적인 작품인 동시에 제 생각을 정리하는 데 도움을 주었습니다. 라디오 다큐멘터리가 방송되자마자 저에게 다양한 반응들이 쇄도했습니다. 저와 같은 입양인들이 제 이야기에 공감했고, 가족 관계에 고민이 있는 비입양인들의 감정도 담겨 있어 그들이 특히 감동한 것으로 보입니다. 네덜란드는 아빠와의 유대감을 원하는 딸들, 딸을 그리워하는 아빠들, 엄마를 찾는 딸들로 가득합니다. 이것은 혼자가 아니라는 느낌을 주었고 제 여정에 박차를 가했습니다. 저는 미스터 박에게 아들 셈과 함께 서울에 갈 것을 알렸고, 마침내 그에게서 응답이 왔습니다. 도착한 다음 날 만나기로 약속을 잡았습니다.

그를 다시 만나서 기뻤고 그는 당시 여덟 살이었던 아들에게 다정하게 대해주었습니다. 우리는 대형 수족관을 방문했고 식당에도 갔습니다. 힐브란트 씨의 조언을 기억하며 더욱더 딸로서 행동하려고 했고 너무 많은 질문을 하지 않으려고 노력했습니다. 저는 또다시 돈이 든 봉투를 받았습니다. "감사합니다. 그렇지만 이러지 않으셔도 돼요."

　인사동에서는 미스터 박의 동생인 작은아버지와의 만남도 있었습니다. 저는 그와 함께 짧은 기간 할머니 집에서 같이 살았다고 합니다. 그는 젊어서 예의를 엄격하게 차릴 필요가 없어서 다행이었습니다. 그는 아내와 함께 왔고 우리는 활기찬 인사동에 있는 카페의 나무 의자에 앉았습니다. 또 김치 파전을 먹었습니다. 우리는 맥주와 소주 그리고 막걸리를 마셨습니다. 이것은 업무 후 한 번에 완전히 정신을 잃고 다시 아침 일찍 일어나 일을 시작하는 한국인에게 매우 효과적인 폭탄주가 됩니다. 샘은 소주를 물이라고 생각해서 크게 한 모금 마셨습니다. 그 후로 그가 지은 표정 때문에 우리는 크게 웃었습니다. 저는 작은아버지가 저와 함께 보낸 시간에 관해 이야기하는 모습을 보며 정말 기분이 좋았습니다. 할머니는 에너지가 넘치는 행복한 여성이었고 넓은 사회생활을 즐기셨기에 저를 어디든 데려가셨다고 합니다. 그리고 할머니가 저를 등에 업지 않았을 때는 작은아버지의 등에 업혀 있곤 했답니다. 그는 제가 다시 미스터 박과 함께 살기 시작했을 때 저를 그리워했다고 합니다. 할머니께서는 이미 돌아가셨다는 소식도 들려주었습니다. 기차에 치여 돌아가셨다고요. 저희는 지하철을 탈 때마다 주변에서 졸고 있는 사람들을 볼 수 있습니다. 한국 사람들은 정말로 낮잠을 자는 데 능숙합니다. 그들은 너무 열심히 일하고 또 오래 일하기 때문에 출퇴근 중에도 잠을 잡니다. 셈은 『도널드 덕』을 읽고 있었습니다. 저는 졸고 있는 여성들의 얼굴을 보며 그중 한 명이 어쩌면 친엄마일 수 있다고 생각해 봅니다. 그녀를 알아볼 수 있을까요? 마치 미스터 박을 통해 느꼈던 것처럼 일생 내내 알고 지낸 느낌을 주는 얼굴.

    셈은 서울을 아주 멋지다고 생각합니다. 솔직하게 말하면 저는 미스터 박이 없을 때 긴장을 풀 수 있기에 특히나 그 순간을 즐깁니다. 예의를 차릴 필요도 없고 연기를 할 필요도 없으니까요. 그냥 제가 될 수 있기 때문입니다. 우리는 과학박물관에서 「강남 스타일」에 맞춰 춤추는 로봇을 볼 수 있었습니다. 우리는 국수를 먹을 때 제공되는 가위와 피자 도우를 찍어 먹으라고 피자와 함께 나오는 작은 꿀 종지를 보고 웃었습니다. 명동에서 코미디 공연을 관람하러 갔는데, 셈은 의자에서 떨어질 만큼 크게 웃었습니다. 그는 한국어 대화를 이해하지 못해도 한국의 익살맞은 활극 유머를 정말 즐기는 것 같았습니다. 아들이 제 곁에 있어서, 저의 무거운 분위기를 가볍게 해줄 수 있어서 기뻤습니다.

    저는 미스터 박과의 대화를 취재하는 기자처럼만 진행하고 친엄마에 대한 더 구체적인 질문을 하기로 다짐했지만 그렇게 할 수 없었습니다. 그런 것은 소용이 없으며, 예절로 가득 찬 이 문화에서 단순한 말다툼보다 식사하면서 몇 시간을 보내는 게 더 많은 것을 얻을 수 있다는 사실을 깨닫게 됐습니다. 신뢰를 쌓는 것은 몇 년을 거쳐야 하는 과정입니다. 제가 별로 잘하지 못하는 것 중 하나입니다.

남산 타워를 방문했습니다. 서울을 가장 아름답게 볼 수 있는 높이 239미터의 타워가 있습니다. 케이블카를 타고 정상으로 갈 수 있는데, 케이블카 안에서 미스터 박이 한 손으로 셈에게 아래쪽 건물들을 가리키며 다른 한 손으로 셈의 손을 꽉 잡은 모습을 볼 수 있었습니다. 셈에 대한 사랑, 그 안에 저에 대한 사랑도 느낄 수 있었습니다. 그는 기념품 가게에서 손자를 위해 초콜릿과 장난감을 사줬습니다.

우리가 다시 아래로 내려와서 작별 인사를 하고 셈과 제가 호텔로 돌아가려고 택시를 찾고 있을 때, 미스터 박은 택시를 멈추기 위해 택시를 쫓아갔습니다. 그가 급하게 택시 문을 열 때 안경이 부딪쳐서 깨졌고 눈썹 근처에 큰 상처가 나면서 피가 흘렀습니다. 저는 놀라서 손수건을 주려고 했지만, 미스터 박은 제 손에 지폐 뭉치를 쥐여주고선 빠르게 뒤로 물러났습니다. 부끄러움 때문일까요? 제가 그에게 가까이 다가가려고 했지만, 그는 저에게 빨리 택시를 타고 가라는 신호를 보냈습니다. 정말 괴로운 장면이었습니다. 구경꾼들은 한 여자가 한 손에 지폐 뭉치를 들고 다른 한 손에는 손수건을 든 채 60대 한국 남자를 향해 뛰어가는 모습을 보았습니다. 안경이 부서져 눈썹에서 피가 나는 그 남성은 뒤로 점점 더 빨리 물러서면서 거의 돌멩이에 걸려 넘어질 뻔했습니다.

만약 이러한 일이 네덜란드 아빠에게 생겼다면 저는 잠깐 그와 의자에 앉아 피를 멎게 하고 손수건으로 닦았을 것입니다. 물을 조금 마시게 하고 잠시 기분을 진정시켰을 것입니다. 한국 문화를 충분히 이해하게 된 지금, 그냥 택시에 타서 빨리 떠나는 것이 가장 좋은 방법이라는 것을 알게 되었습니다. 셈과 제가 택시에 앉았을 때 우리는 웃음이 터져 나왔습니다. 이 모든 터무니없는 상황 때문에 우리는 웃음을 멈출 수가 없었습니다.

저는 미스터 박에게 이복자매를 만날 수 있는지 물어보았습니다. 그는 첫째 동생은 만날 수 있지만, 막냇동생은 아무것도 모르기 때문에 안 된다고 했습니다. 아직까지도 가족의 비밀이라고 합니다. 모든 한국 가정은 비밀을 갖고 있고 그 비밀은 가끔 드러나기도 하지만, 그 후에 다시 덮는 것이 가능한 것 같았습니다. 바로 이것이 그렇게 많은 한국 드라마가 제작되고 시청되는 이유라고 생각했습니다. 음모, 비밀, 숨겨진 삶은 평범한 한국인들에게 익숙한 소재입니다.

우리는 식당에서 만났습니다. "누구인지 아시겠죠?" 이복자매는 미스터 박보다 새어머니를 더 닮았고 더 하얀 피부에 다른 체형을 가지고 있었습니다. 그녀는 저를 시무룩하게 쳐다보더니 이렇게 말했습니다. "저는 아버지가 원해서 왔어요." 그랬습니다. 아주 명확했습니다. 그들이 저를 입양 기관에 데려갔을 때 그녀가 새어머니의 배 안에 있었다는 생각을 하니 기분이 묘했습니다. 미스터 박이 이 만남을 주선할 필요는 없었지만, 그가 저를 위해 그렇게 했다는 것을 깨달았습니다. 식사하는 동안 그녀는 조금 더 친절해졌지만, 대화는 예의 수준을 벗어나지 않았습니다. 저는 그녀와 전화번호를 교환했습니다. 처음 며칠은 서로 메시지를 주고받았지만, 이 연락 또한 빠르게 끊어졌습니다. 네덜란드에 돌아온 후 한국어 수업을 중단했습니다. 저는 한동안 한국에 관한 활동을 멈추고 업무에만 몰두했습니다.

6장

카메라 사이로 들여다본 나의 고향

낯선 고향의
낯선 태도들

대한민국으로 가는 첫 번째 여행은 2018년 평창 동계 올림픽 때였습니다. 저는 매일 한국 문화에 관한 보도 자료를 제작해서 NPO Radio 1에 보냈습니다. 이 시리즈의 제목은 「미샤의 안녕 한국!(Mischa says Hi!)」이었고 거기에서 저는 한국에 관한 질문에 해답을 찾으려 노력했습니다. 저는 얼마나 한국적인가요? 다시 말해, 한국 문화의 어떤 측면이 저에게 맞고 어떤 측면이 맞지 않는지 찾으려고 했습니다.

처음 며칠은 올림픽 선수촌의 작은 아파트에 머물렀습니다. 방송 기자들이 머무는 회색 아파트 건물에서 약간 떨어진 곳이었고 항상 김치 냄새가 나는 곳이었습니다. 아침에는 동료들과 지하 주차장을 개조한 곳에서 아침 식사를 했습니다. 그다음 우리는 차량 운전과 스케줄 관리 및 모든 것을 통역해주는 코디네이터 유동익 씨와 함께 출발했습니다. 첫째

날, 우리는 한국의 음식 문화 중 살아 있는 물고기를 회 쳐서 먹는 문화에 대한 리포트를 만들었습니다. 강릉 항구에 있는 한 식당을 방문해 요리사가 꿈틀거리는 오징어를 만지는 것을 지켜보며 보도를 진행했습니다. 그리고 요리사는 이 오징어를 얇게 썰더니 살아서 꼼지락거리는 조각들을 우리 접시에 올려놓았습니다. 우리는 그것을 고추장에 찍었다가 입에 집어넣었습니다. 그것은 플라스틱과 후추 맛이 나서 질색이었습니다. 더구나 저는 채식주의자입니다. 하지만 좋은 방송을 위한 좋은 소재의 영상 자료였습니다.

제한된 여가 시간에 우리는 스노보드를 타거나 홀란드 하이네켄 하우스에서 맥주를 마셨고, 올림픽 경기장을 방문하여 스케이트 선수 껠트 나위스(Kjeld Nuis)가 금메달을 따는 것을 지켜보았습니다. 잊지 못할 순간들이었고 우리는 그 순간들을 충분히 즐겼습니다. 라디오 일정이 끝나고 거스 히딩크 씨와 함께 NOS의 텔레비전 프로그램 「스튜디오 스포르트 빈터(Studio Sportwinter)」에도 게스트로 출연했습니다. 방송 전에 히딩크와 그의 부인이 저에게 다가와 그들이 나를 어디서 봤는지 물었습니다. 히딩크 씨는 2002년에 한국에서 축구 대표 팀 감독으로 활동했고 월드컵에서 준결승까지 진출한 이래 큰 인기를 누리는 유명 인사였습니다. 그들은 내가 예전에 결승에 진출했던 퀴즈 프로그램 「최고의 두뇌(De Slimste Mens)」에 나왔던 나를 아는 것 같았습니다. 히딩크 씨는 우리를 호텔로 초대했습니다. 우리는 그 제안을 받아들였고 한국인들의 태도에 대한 경험을 그와 그의 부인에게서 들었는데 정말 즐거운 시간이었습니다: 명령을 내리는 사람을 완전히 신뢰하며, 그의 말을 맹목적으로 따르는 태도.

저녁 식사 후 우리는 호텔 지하에 있는 바에 갔습니다. 마치 영화의 한 장면처럼 느껴졌습니다. 긴장한 한국인들이 하나둘 히딩크 씨에게 다가와 셀카 사진을 찍었습니다. 손가락 두 개를 들어 올리거나 입을 한 손으로 가리며 포즈를 취했습니다. 대부분은 부탁을 했지만, 때로는 부탁도 하지 않고 사진을 찍는 경우도 있었습니다. 히딩크 씨는 자신 주위에 한국인 두 명이 서 있고 그들이 자신과 함께 셀카를 찍고 있는지도 몰랐습니다. 택시에 타고 돌아갈 때 우리는 택시 기사에게 자랑스럽게 거스 히딩크와 함께 한 저녁 이야기를 했는데 그는 믿지 못하겠다는 듯 우리를 바라봤습니다. 그는 우리가 히딩크 씨와 악수를 했는지 궁금해 했고 우리와 악수해도 되는지 물었습니다.

우리는 올림픽 선수촌을 떠나 한 주 동안 서울로 가서 방송 리포트를 만들기로 했습니다. 직장인들의 의무적인 회합인 회식 자리에 참석하기도 했습니다. 한국의 기업 문화는 수직적이어서 상사가 일을 마친 후 당신에게 술을 마시러 가고 싶은지 묻는다면 이것은 질문이 아닌 명령입니다. 이때 아이들을 어린이집에서 데려와야 한다거나 다른 계획이 있다는 말을 해서는 안 됩니다. 그냥 "감사합니다"라고 말하고 가방을 재빨리 싸서 식당으로 가 동료들과 함께 똑바로 설 수 없을 때까지 소주를 마셔야 합니다. 직장 상사가 식당을 떠날 때까지 회식 장소를 떠나면 안 됩니다. 식당에서 회식을 하는지 간단히 알아볼 수 있었습니다. 시끄럽고 술에 취한 채로 앉아 작은 잔으로 건배하는 테이블이 있다면 그게 회식 자리입니다. 일부는 빨개진 얼굴을 하고 절반 정도 눈이 감겨 있습니다. 일부 여성들은 약간 불편해 보였고 예의상 머리를 돌린 채 소주를 조금만 마시면서 요령을 피우기도 했습니다. 테이블의 머리에는 권위가 느껴지는 분이 앉아 있는데 그가 계산하는 사람입니다.

이러한 리포트를 만드는 동안 저는 제가 다른 문화에서 자란 것을 감사했습니다. 저는 스스로 술자리에 참석할 것인지를 결정할 수 있고 맥주 한 잔을 마시면서 머리를 돌리지 않아도 되는 문화에서 자란 것이 행복했습니다. 그리고 상사와 논쟁을 해도 즉시 해고되지 않는 문화에서 자란 것에 감사했습니다. 모든 직장에서 상사에게 이의를 제기하기 어려운 건 사실이지만요.

행복은 성공으로
만든다는 자세

　우리는 한국 학부모가 자녀에게 보충 수업을 받으라고 보내는 학원을 방문했습니다. 이곳에서는 학교 수업이 끝난 직후부터 밤 10시까지 매일 공부해야 합니다. 그러면 더 높은 성적을 받을 수 있고 더 좋은 대학에 진학해서 더 나은 직장을 다닐 수 있습니다. 대한민국에서는 행복이 부수적으로 따라오는 것이 아니라 만들 수 있는 목표인 것 같았습니다. 재정적인 능력이 있고 항상 최선을 다한다면 높은 지위에 오를 수 있는 셈입니다.

　교실에서 십 대 학생들과 함께 수학 수업을 받았습니다. 선생님은 한 번도 목소리를 높일 필요가 없었습니다. 그곳은 동기 부여를 받은 학생들로 가득했습니다. 부모님을 실망시키기가 무서운 아이들, 각 학년에서 상위 3등에 들지 못하면 루저라고 여기는 아이들. 그들이 느끼는 스트레스를 저 역시 비

숯하게 느낄 수 있었습니다. 저는 그들에게 방과 후에 학원에서 많은 시간을 보내는 대신 밖에서 재미있게 노는 게 더 좋지 않냐고 물었습니다. 그들은 저를 미친 사람 취급하듯 쳐다봤습니다.

행복과 성공에 이르는 가능성은 성형외과에서도 볼 수 있었습니다. 더 아름답다면 더 좋은 직장에 취직할 기회가 생깁니다. 그래서 여학생들은 졸업 선물로 성형 수술을 받습니다. 부모들은 이것이 성공의 기회를 높일 것이라고 확신하고 있었습니다. 원하는 수술 중 하나는 쌍꺼풀을 만드는 것으로 서양인같이 보이도록 하는 것입니다. 저는 이해가 갔습니다. 저도 10대 때 가느다란 눈을 없애고 싶었으니까요. 저는 아시아인이 아니길 바랐습니다. 친구들과 똑같이 화장하고 그들처럼 보이고 싶었습니다. 그래야 매번 제 출신지를 설명할 필요가 없으니까요. 다른 사람들과 어울릴 때 거리에서 '룸피아(베트남 아이를 칭하는 속어)'나 '삼발베이(중국 아이를 칭하는 속어)'로 놀림을 받고 싶지 않았습니다. 어릴 때부터 중국이나 인도 음식점 메뉴 이름으로 저를 부르는 경우가 많았는데 안타깝게도 지금도 계속 그런 일이 발생합니다. 우리는 강남 지역의 성형외과를 방문했습니다. 네, 맞아요. 「강남 스타일」, 그 노래의 강남. 이곳은 피부를 미백하는 것에 특화되어 있었습니다. 피부가 더 휠수록 서양인 같다고 생각하는 것 같았습니다. 저는 피부 관리를 받게 되었고 특별한 미백 화장품을 사용해 피부를 관리할 수 있었습니다. 45분짜리 1회 관리 후 최소한의 차

이를 지켜볼 수 있었습니다. 그래서 많은 한국 여성들이 피부 관리를 정기적으로 받습니다. 그런 다음 성형외과의 진료실에서 촬영을 진행합니다. 거기서 저는 제 얼굴에 대한 가능성을 물었습니다. 의사는 저의 손에 거울을 쥐여주고 얼굴의 어느 부분이 문제인지 커다란 면봉으로 가리켰습니다. "이 부분에서 피부가 많이 노화된 것을 볼 수 있네요. 광대뼈를 더 끌어올려야 하고 눈꺼풀을 더 서양식으로 고쳐야 해요." 의사가 지적할 때마다 저는 점점 불쾌해졌습니다. 여기서 자라면서 자신의 불완전함을 항상 인식해야 한다면 얼마나 힘들까요? 이 나라에서는 항상 더 아름답고 더 나은 것을 원하기 때문에 자신의 불완전함을 항상 인식하고 살아야 합니다. 항상 더 잘해야 해서 피곤할 수밖에 없습니다.

그 피로는 대중교통에서도 볼 수 있었습니다. 우리는 한국인들이 대중교통에서 조는 모습을 다루는 리포트를 만들었습니다. 지하철에서 학생들이나 직장인들과 이야기를 나눌 때 공부나 일 때문에 매일 몇 시간밖에 자지 못한다는 말을 듣곤 했습니다. 저는 그들이 안쓰러웠습니다. 나는 방송을 촬영하기 위해 자는 척하는 한국 남성의 어깨 위에 머리를 기대고 함께 웃었습니다.

그들이 휴식을 취하기 위해서 무엇을 할까요? 우리는 피시방을 방문했습니다. 그곳은 공부하거나 일하는 것에서 벗어나 잠시나마 쉬고 싶어 하는 젊은이들을 위한 공간이었고 (아마도 부모들에게 말하지 않았을 거예요) 게임을 몇 시간이고 하면서 휴식도 취하고 라면도 먹는 곳입니다. 저는 그 젊은이들이 자기 모니터에 몰두하는 모습을 보며 우울해졌습니다. 그리고 어린 시절 학과 수업 후에 발레 수업과 놀거리로 가득 했던 시절을 회상했습니다.

    한국 성인들의 인기 있는 주말 활동 중 하나는 찜질방입니다. 이곳은 한 주의 업무 스트레스를 아침부터 저녁 늦게까지 푸는 웰빙 복합 시설입니다. 우리는 복합 시설을 돌아보면서 필수 복장(베이지 티셔츠와 반바지 그리고 레아 공주처럼 보이게 하는 머리에 마는 수건)을 입었는데 이런 것이 네덜란드에서도 잘 통할 것이란 생각이 들었습니다. 수영장, 게임방, 다양한 사우나, 식당 및 피트니스 공간도 있었습니다. 가장 놀라웠던 것은 바닥에 누워 자는 수십 명의 한국인이 있는 큰 방이었습니다. 몇몇 방문객들의 코 고는 소리와 삶은 달걀 껍데기가 부서지는 소리를 들을 수 있었습니다.

    잠들지 않은 한국인들은 달걀을 먹거나 식혜를 마신 다음 다시 잠에 빠져들었습니다. 벽에 큰 마사지 의자가 있었는데 손목에 찬 밴드를 사용해 이용할 수 있었습니다. 자리가 비면 의자에 앉아 팔찌를 의자에 스캔하면 됩니다. 그런데 아무 일도 일어나지 않았습니다. 알고 보니 옆 마사지 의자를 실수로 작동시킨 것이었습니다. 거기에는 깊은 잠에 빠진 사람이 있었는데 의자가 갑자기 격렬하게 흔들렸습니다. 그는 깜짝 놀라 잠에서 깨어났는데 다행스럽게도 웃고 있었습니다.

아무도 말하지 않은
거대한 분홍색 코끼리

여행 도중 한국인들과 유쾌한 감정을 공유하며 대화하기가 쉽다는 걸 자주 느꼈습니다. 미스터 박과의 소통도 그렇게 원활했으면 좋겠습니다. 저는 미스터 박에게 한국에 왔다는 것을 알렸고, 우리는 수원에서 함께 식사하기로 약속했습니다. 유동익 씨가 우리를 차로 데려다주었습니다. 그날은 눈이 내렸고 우리는 바비큐 식당에 가기 전 수원 화성에 잠시 들렀습니다. 수원 화성은 18세기 후반에 정조 왕이 지은 요새로 제 생가를 따라 휘어지는 6킬로미터 길이의 도성이 있었습니다. 300년 전의 모습을 연출한 것임을 쉽게 상상할 수 있었습니다. 담길 따라 언덕을 오르는 모습을 사진에 담으려고 했습니다. 저는 자주색 겨울 재킷을 걸친 채 녹음 장비가 든 배낭을 메고 카메라 쪽을 향해 머리를 돌렸습니다. 그 사진에서 원하는 곳에 서 있는 자랑스러운 여성을 볼 수 있었습니다.

한 시간 후에는 정확히 그 반대의 상황이 되었습니다. 야꼽과 저는 유동익 씨를 사이에 두고 미스터 박 부부와 함께 바비큐 테이블에 앉았습니다. 고기 조각이 테이블에 있는 불판 위로 놓일 때 올림픽에 관해 이야기했고 미스터 박의 쌀 사업과 각자의 건강에 대해 대화를 나누었습니다. 감정적인 부분을 건드리지 않는 것이 불문율이라 특히 친엄마에 대한 그 어떠한 질문도 꺼내지 못했습니다. 그러는 동안 새어머니가 아주 오랫동안 야꼽을 응시하고 있음을 느꼈습니다. 저는 이혼한 상태이고 야꼽이 새로운 남자 친구라고 말했는데 그녀는 머리를 천천히 좌우로 흔들었습니다. 미스터 박도 실망한 듯한 표정으로 저를 쳐다봤습니다. 저는 분노가 솟아오르는 것을 느꼈습니다. 왜냐하면 그들은 선악에 대해 말할 자격이 없기 때문입니다.

저는 유동익 씨에게 제 친엄마에 대해 좀 더 알아봐 달라고 요청했습니다. 저는 4년 전 미스터 박과 첫 만남 이후 새어머니가 더 많은 것을 알고 있을 것이라는 느낌을 지울 수 없었습니다. 저녁 식사 중 새어머니가 화장실로 가려고 일어서는 동안 유동익 씨가 몇 분 후 복도로 그녀를 따라 나갔습니다. 그는 그곳에서 조심스럽게 그녀를 가로막았고, 사적인 대화를 나누었습니다. 음모가 일상이라는 한국 문화에서 유동익 씨가 얼마나 노련하게 움직였는지 정말 환상적이었습니다. 물론 유동익 씨는 평생 그러한 경험을 해왔습니다. 그동안 미스터 박은 이 기회를 이용해 제게 돈뭉치를 건넸습니다. 아마 새어머니는 이 사실을 몰라야 하는 것 같았습니다. 저는 항상 그렇듯 당황스러워하면서 그것을 받았습니다. 유동익 씨와 새어머니가 다시 돌아온 후 유동익 씨는 미스터 박과 함께 커피를 가져오려고 했습니다. 그들은 속사이면서 멀어져 갔고, 저는 유동익 씨가 그에게서 몇 가지 정보를 알아내려고 한다는 것을 알아챘습니다. 하지만 아무 성과가 없었다는 것을 나중에 듣게 되었죠.

약 두 시간의 만찬이 끝나고 저는 뒤죽박죽이 된 채 야꼽과 차 안에 앉아 있었습니다. 그는 저를 안심시키기 위해 제 손을 꼭 쥐었습니다. "젠장, 이게 어떻게 된 거지?" 그가 놀란 듯이 물었습니다. "이런 적이 한 번도 없었어. 모두 불편했고 사실 아무도 거기에 있고 싶지 않았어. 아무도 말하지 않은 거대한 분홍색 코끼리가 식탁 위에 놓여 있었어(헛것을 봤다는 네덜란드 속담)." 이런 순간마다 항상 그는 정확한 상황을 표현해 주고 항상 내 편에 서 있었는데, 그 사실이 너무 기뻤습니다.

당신은 실제로
얼마나 한국인입니까?

　마지막 리포트를 위해 야꿉과 함께 올림픽 선수촌으로 돌아갔습니다. 그날은 음력 설날이었고, 한국의 새해입니다. 우리는 어느 한국 가정을 방문해 그들이 매년 하는 방식대로 이날을 축하하는 계획을 세웠습니다. 우리는 작은 돌계단을 통해 언덕 꼭대기에 있는 그 가족의 집에 도착했습니다. 우리 일행은 12명 정도의 어른들로부터 환영을 받았습니다. 주위를 총총거리며 돌아다니는 아이들이 호기심 가득한 시선으로 우리를 바라보고 있었습니다. 할아버지와 할머니는 전통 한국 옷인 한복을 입었고 분리된 방의 바닥에 앉아 계셨습니다. 자식들과 손자, 손녀들이 차례대로 방에 들어가 무릎을 꿇고 크게 절을 하면, 할아버지, 할머니, 아버지, 어머니께서 새해 덕담을 하는 식이었습니다. 그런 다음 돈이 든 봉투를 받게 됩니다. 저도 고개를 숙여 절을 하고 전통적인 설 선물인 마른 굴비가 가득 든 작은 가방을 그들에게 드렸습니다. 개인적으로는 새해 첫날에 올리볼(양력 새해에 먹는 기름에 튀긴 건포도 빵)을 먹는 것을 더 좋아하지만, 그날 하루 제 할아버지와 할머니가 되어 주신 그 두 분은 선물을 기쁘게 받아 주셨습니다.

　의식이 끝나자 방바닥에 담요를 깔고 4개의 나무 막대기를 던지는 윷놀이 게임이 시작됐습니다. 윷놀이에 관해 세 번이나 설명을 들었지만 저는 여전히 그 게임을 이해하지 못합니다. 할아버지, 아버지 그리고 아이들이 게임에 몰두하는 동안 할머니와 어머니들은 작은 탁자에 함께 앉습니다. 그들은 신선한 과일을 잘라 큰 그릇에 담았습니다. 저는 가족 구성원들이 서로 활기차게 이야기를 나누며 서로의 팔을 잡고 과일 조각을 나누는 것을 보았습니다. 가장 어린아이(생후 두 달쯤 된 아이)를 돌아가면서 여러 명이 팔로 안았는데 포근한 사랑이 잘 전달되는 것 같았습니다. 아빠에서 할머니로, 형제에서 고모로. 저도 잠시 그 아이를 안아볼 수 있었습니다. 그리고 부지불식간에 저는 방송 인터뷰 모드를 벗어났습니다. 저는 마이크를 들고 있는 기자로서 거실 바닥에 앉아 있는 것이 아니라, 이 나라에서 태어난 박은혜로서 거기에 앉았습니다. 그 순간은 생전 처음으로 가족을 만나러 온 것 같았습니다. 그리고 그들이 자랑스럽게 바라보는 그 사랑이 제 삶이 될 수 있었음을 깨닫게 됐습니다. 한국 문화에 대해 촬영한 지난 삼 주간 우리는 이상한 일들을 많이 경험했습니다. 이제 처음으로 가족들과 함께 있는 느낌을 받았습니다. 그리고 처음으로 저 자신으로 돌아온 것 같았습니다. 한국인 아이와 한국인 가족들이 있는 한국인 집에서.

"만약 거기서 자랐다면 어땠을까요?"라는 질문을 자주 받습니다. '그렇다면 내 삶은 과연 어떻게 달라졌을까?' 나는 아직도 이 질문에 어떻게 답해야 할지 모르겠습니다. 지난 몇 년간 제가 깨달은 사회적으로 바람직한 대답은 '아마도 훨씬 덜 행복하고, 기회도 훨씬 적었을 것'입니다. 사람들은 네덜란드에서 너무 잘 지내고 있다는 생각으로 끝나는 이야기를 좋아하는 것 같았습니다. 그러나 현실적인 답변은 그 누구도 알 수 없다는 것입니다. 헤이그가 아닌 리우워덴에서 태어났다면 당신의 삶은 어떻게 달라졌을까요? 저는 "당신은 실제로 얼마나 한국인입니까?"라는 질문이 훨씬 더 흥미롭다고 생각합니다. 내가 올림픽 기간에 게스트로 「스튜디오 스포츠빈터」 생방송에 마지막으로 출연했을 때, 전 스케이터 선수이면서 스포츠 해설가인 에어벤 베너마르스 씨가 그 질문을 나에게 했습니다. "저는 저 자신에게서 성취욕구와 위계질서에 대해 존중을 인식하지만, 극단적인 수준은 아닙니다." 베너마르스 씨의 표정에서 그가 이 대답을 지루하게 생각한다는 것을 알았습니다. 그리고 실제로도 그렇습니다.

7장

모든 여행의 끝은
되돌아오는 길

사랑의
정의

비록 야꼽은 태어날 때부터 자신이 프리스란트의 작은 마을에서 태어났고 자신의 부모가 누구인지 알고 있었지만, 내가 왜 뿌리를 그리워하는지를 잘 이해하고 있었습니다. 아마 그래서였을까요? 우리가 그의 부모님을 만나러 아우트바우더(Oudwoude)에 방문할 때마다, 항상 A6번 고속도로의 레머(Lemmer)를 지나는 순간부터 그의 시선은 활기차고 목소리는 더 크고 높아지곤 합니다. 뿌리에 가까이 가게 되면 이런 일이 벌어지는 것이구나! 더욱더 자신다워지는 것이란 생각을 했습니다. 그가 태어난 마을의 교회 묘지에는 그의 가족 묘지가 있었습니다. 묘비에는 그의 이름과 날짜만 빠져 있습니다. 그는 종종 거기를 방문해 묘비를 청소하고 주변 식물을 돌보기도 합니다. 저는 그러한 것이 마음의 안식처가 될 수도 있다는 상상을 하게 됐습니다. "저는 이 땅에서 태어났고 또

이 땅에서 죽을 것입니다. 그사이에 저는 사물에 대해 배우고 사람들을 만나고 사랑하고 여러 장소를 방문하고 모험도 하겠지만, 결국 이 묘지가 최종 목적지입니다. 이것(죽음)보다 더 구체적인 것은 없을 것입니다."

'모든 여행의 끝은 되돌아가는 길'이라고 프리스란트의 음악가인 삐떠르 비껀스(Piter Wilkens)가 노래했습니다. 이 말은 저에게 어디에서 왔는지 모른다면 목적지로의 항해가 어렵다는 것을 깨닫게 합니다. 친엄마를 찾아야 한다고 격려하는 것은 야꼽의 일상이 되었습니다. "그런데 난 단지 그녀의 이름밖에 몰라!"라고 투덜댔습니다. 그는 "하지만 당신 엄마를 반드시 찾을 수 있을 거야"라고 말하며 제게 확신을 주었습니다. 저는 그 귀한 여행을 하고 싶지만 무언가가 막고 있는 것 같았습니다. 미스터 박과의 만남 이후 그와의 관계를 구축해 나가는 어려운 과정으로 인해 실망하게 될까 봐 두려웠습니다. 만약 친엄마를 찾지 못한다면 마음속에 있는 저만의 이야기를 쓸 수밖에 없습니다. 그 이야기 속에서 친엄마는 매일 저를 생각하는 멋진 여자였습니다. 친엄마를 만나더라도 호의적이지 않을 수도 있고 제 삶에 들어오길 원치 않을 수도 있습니다. 그러한 생각은 감당하기 매우 힘든 부분입니다.

"당신이 아플 때 당신을 위로해주고 당신이 계획을 세울 때 당신을 격려해주는 사람" 최근 인터뷰한 작가 이본 크로넨버그(Yvonne Kroonenberg)가 사랑을 설명한 표현입니다. 사랑과 같이 큰 대상을 두 가지 조건으로 이렇게 압축할 수 있다는 것이 너무 아름답게 느껴집니다. 야꼽과의 사랑은 이러한 조건을 충분히 만족시킵니다. 우리는 자전거 휴가를 계획했습니다. 비행기로 바젤에 가서, 거기서부터 산악자전거로 밀라노까지 여러 구간을 이동했습니다. 호텔에서 호텔로, 최소한의 짐을 가지고. 프레임에는 화장품 파우치가, 좌석 가방에는 다른 의상 한 벌과 평범한 신발이 묶여 있고, 핸들 가방에는 수영복, 수건, 몇 개의 바나나가 담겨 있었습니다. 그는 앞에서 가고 저는 그 뒤를 따라갔습니다. 산을 넘고 강을 따라가고 작은 마을에서 잠시 멈춰 꽉 끼는 자전거 신발을 벗고 분수에 발을 담그며 배고픔을 달래기 위해 아이스크림을 먹었습니다.

저녁에 호텔에 도착하면 샤워를 하고 싸이클복을 빨아 건조대에 걸어 놓은 다음 저녁으로 파스타와 맥주 한 잔을 먹으며 하루를 마감했습니다. 그와 함께라면 우리 둘은 모든 것을 이겨낼 수 있습니다. 저녁에 스위스 코블렌츠에 도착하자마자 우리가 독일 코블렌츠의 호텔을 예약했다는 사실을 알게 되었을 때, 어이없어서 크게 웃을 수 있었습니다. 머리카락을 바람에 날리며 뒷바퀴에 몸무게를 싣고 내려오던 중 호텔을 지나쳤고 결국 다시 두 시간을 돌아가야 한다는 것을 발견할 때 우리는 바로 그 상황을 유머로 받아들였습니다. 호텔에 젖은 채로 도착해서 저녁 식사를 하기 전에 모든 것을 헤어드라이어로 말려야 했습니다. 자전거 여행이 우리 관계를 테스트한 것이라면, 우리는 훌륭하게 통과하였습니다.

익숙함에서
벗어나는 법 배우기

　우리의 관계는 거의 모든 면에서 완벽했지만, 두 번째 해부터 돌아온 본질적인 문제가 하나 있었습니다. 아이를 갖기 원했지만 잘되지 않았습니다. 저는 수백 번 배란 검사를 했는데 건강에 더 신경을 쓰고 술을 전혀 마시지 않고 휴가 중에 방문하는 성당에서 초를 태우며 기도도 했지만, 아무것도 이뤄지지 않았습니다. 그러나 그는 제가 시도하려는 인공 수정 배란법을 너무 인위적이어서 기분이 좋지 않다고 말했습니다.

　그가 고민에 고민을 더하여 신중하게 생각하고 있음을 알 수 있었습니다. 결정은 그가 내려야 했습니다. 왜냐하면 저는 다른 모든 면에서 완벽한 관계를 끝내고 싶은 마음이 없었기 때문입니다. 제 생각에는 좋은 관계의 기초는 두 사람 사이에 있는 사랑이라고 생각합니다. 아이가 있는지 여부는 중요하지 않다고 생각합니다. 하지만 제가 이미 두 명의 아이를 가지고 있기 때문에 어쩌면 너무 쉽게 말하는 것인지도 모릅니다.

그는 일주일간 스웨덴에 출장을 다녀온 후 집에 돌아오면서, 머리와 마음 사이의 갈등이 그의 심장에 영향을 주었던 것 같습니다. 있는 그대로 표현하면 "가슴을 찌르는 통증이 느껴져"라고 그는 부엌에서 싱크대에 기대어 말했습니다. "너무 많은 스트레스 때문에 더는 버틸 수가 없을 것 같아." 하룻밤 자고 일어나 상황이 나아졌으면 좋았겠지만, 다음날 그의 입에서 "앉아봐, 이야기 좀 해"라는 말이 나왔습니다. 그는 결정을 내렸습니다. "내가 스스로 마음을 바꿀 수 있다면 좋겠지만, 나는 정말로 애가 필요해. 너무나 간절히 원해서 내 몸으로 느낄 수 있을 정도야. 그것은 내 머릿속에서 그려 왔던 그림이고 항상 상상해 왔던 미래의 모습이야. 나는 그것을 포기할 수가 없어."

그가 결정을 내린 덕분에 그의 가슴에 느껴지던 압박이 줄어들 수 있었지만, 저에게는 그가 제 마음에 칼을 꽂고 세 번 후비는 것 같았습니다. 삼 년 전 내 삶을 완전히 뒤집어 놓았던 이 남자는 저를 무조건적으로 사랑하지 않았고, 저에게 아이를 낳을 수 있는 조건으로만 함께 하고 싶어 한 것입니다. 물론 그가 아이를 바란다는 것을 이해하지만, 그에게 아이를 가졌으면 하는 바람은 저를 사랑하는 바람보다 더 컸습니다. 그리고 제가 아무리 간절히 원해도 누군가를 강제로 저와 함께하거나 저를 사랑하게 할 수 없음을 잘 알고 있었습니다.

사랑을 한쪽에서 일방적으로 끝내는 것은 금지되어야 한다고 생각합니다. 그것은 너무나 많은 아픔을 주기 때문입니다. 어젯밤까지만 해도 우리 침대였던 것이 이제는 갑자기 그의 침대가 되었고 더 이상 제가 있을 곳이 아니게 되었습니다. 이어지는 몇 주간 옷걸이에 걸린 옷들을 쓰레기봉투에 쑤셔 넣었습니다. 친구들과 동료들에게 수백 번씩이나 끝났다는 사실을 말해야 했습니다. "어떻게 그럴 수 있어? 너희는 항상 함께 어울리는 커플이었는데!" 일을 마치고 무심코 차에 올라타서 무의식적으로 그의 집 앞에 도착해 놀라기도 했습니다. 그를 실제로 마주쳤을 때 몸이 자동으로 반응해서 그를 껴안게 됩니다. 몸이 그렇게 익숙해져 있기 때문입니다.

헤어진 몇 달 후, 우리는 위트레흐트에 있는 지하 창고식 식당에서 만나기로 했습니다. 전 나초, 맥주, 감자튀김을 먹으며 일과에 관해 이야기했습니다. 누군가는 이제 다른 일을 하고 있고 누군가 어떤 말을 했으며, 그런 다음 저는 이것을 하고 저렇게 말했다고 했습니다. 겉도는 대화를 더 이상 참을 수 없었을 때 제가 실패한 것처럼 느낀다고 말했습니다. 그는 한숨을 쉬었습니다. "이미 끝난 우리 관계 말고 다른 이야기를 할 수 있을까?" 분석적인 제 성격이 가까운 사람들에게 때로는 피곤한 일일 수 있다는 생각이 들었습니다. 하지만 지금은 계속 이야기를 하려고 합니다. 저는 명확함과 안도감이 필요하니까요.

"그런데 솔직히 한 번 말해 볼래? 만약 우리 사이에 아이가 태어났다면 지금도 함께 했을까?" 그는 확실히 "그래"라고 대답했습니다. "그러면 내가 실패한 거네?" 의도한 것보다 더 화난 투로 말했습니다. "아니, 내가 실패한 거야." 그는 오랜 침묵 뒤에 말했습니다. "내 머릿속을 평온하게 만들거나 가진 것에 만족해야 하는데, 그러지 못했어. 나는 그게 정말로 미안해. 나도 그렇게 할 수 있으면 좋겠어." 그는 느끼는 것과 생각하는 것 사이에서 싸우는 남자의 모습을 보여줬습니다. 저는 실패하지 않았고 아무 잘못도 저지르지 않았습니다. 전적으로 헌신적인 사랑을 했습니다. 그도 나에게 의도적으로 상처 주지 않으려 했고, 정말로 나를 무조건 사랑하려고 노력했습니다. 그러나 때론 두 사람 사이에서 안 되는 일도 생깁니다. 비록 간절히 원한다 해도요.

우리의 관계가
끝났을 때

　실연이란 단지 당신이 뭔가를 시도해봤다는 의미입니다. 생각 없이 물속으로 뛰어든 것과 같습니다. 물이 얼마나 차가운지, 마른 옷을 챙겼는지, 휴대폰이 주머니에 있는지 확인하지도 않은 채 말입니다. 우리의 관계가 끝났을 때 저는 젖은 옷을 입은 채 물에서 기어 나왔습니다. 그리고 1년이 지난 지금도, 저는 여전히 물가에 앉아 젖은 옷을 입고 떨고 있습니다. 강물을 바라보며 향수에 젖게 하고 화나게 만든 아름다운 추억들을 떠올립니다. 왜 그는 이 모든 아름다움을 아무렇지도 않게 버렸을까요? 그것이 아무것도 아닌 것처럼 아무 가치도 없는 것처럼요. 왜 그는 이 사랑을 매일 쉽게 지나가는 일인 것처럼 무심하게 대했을까요?

　저는 이제 마른 옷을 입고 힘차게 도약해서 다음 물속으로 뛰어들어야 한다는 것을 알고 있습니다. 오랫동안 혼자 있는 것을 좋아하지 않지만, 여전히 그 물가에 앉아 있었습니다. 그래서 처음으로 혼자 멋진 호텔이 있는 스페인의 한 섬으로 여행을 떠났습니다. 마스크를 쓴 사람들로 가득 차 있는 관광 기차가 지나가는 것을 보면서 '그가 이것을 정말 즐거워했을 텐데'라고 생각했습니다. 메뉴에 퓌레가 있는 것을 보면, '그는 이것을 정말 맛있다고 했을 텐데'라고 생각했습니다. 해변을 걸을 때면, '그는 이곳을 낮잠 자기 딱 좋은 장소로 여겼을 텐데'라고 생각했습니다. 분수를 보면서, '그는 이걸 정말 아름답게 여겼을 텐데'라고도 생각했습니다. 저는 정말로 '그는 이랬을 텐데'라는 생각을 멈춰야 했습니다. 그는 더 이상 나와 함께 여행을 가지 않을 것입니다. 우리는 더 이상 함께 새로운 곳을 방문하거나 멋진 모험을 하지 않을 테니까요.

"한 명과 한 명이 모여 진짜 세 명이 될 수 있다"라는 문자를 우리가 처음 만난 카페에서 몇 시간 동안 대화를 나눈 후 그가 저에게 보냈습니다. 그러나 5년이 지난 지금, 한 명과 한 명은 그냥 다시 한 명이 되었습니다. 둘도 아니고 셋도 아니고, 다시 한 명으로 돌아갔습니다. 갑자기 휴양지인 섬에서 혼자 있는 사람들을 보게 됩니다. 아마도 그들은 항상 어디에나 있었겠지만, 지난 몇 년간 우리는 서로에게만 관심을 두어 그들을 전혀 알아차리지 못했습니다. 해변에서 그들은 자신의 등에 선크림을 바르려고 팔을 이상하게 비틀고 있는 모습을 하고 있습니다. 그들은 젖은 수영복을 마른 속옷으로 갈아입으려고 고군분투하지만, 수건을 들어줄 사람이 없습니다.

그들은 식당에서 벽 쪽에 앉아 책을 읽거나 넷플릭스 시리즈를 보고 있습니다. 그들이 혼자 있는 데 얼마나 능숙한지 알 수 있습니다. 화장실에 가려고 일어설 때 그들은 돌아왔을 때 자리를 뺏기지 않도록 책을 테이블 위에 잘 보이게 놓아둡니다. 그들은 보통 가장 전망이 안 좋은 작은 방에서 밤을 보냅니다. 제가 창밖을 내다보면 회색 벽이 보입니다. 제 방도 햇빛을 본 적이 없는 방입니다.

8장

그는 왜 떠났을까

엄마 품

사람들은 공원의 벤치에 앉은 행복한 노부부를 보면 왜 감동할까요? 두 단어로 표현하자면 무조건적인 사랑입니다. 그 두 사람이 함께 있다는 것은 큰 의미를 지닙니다. 수백 번 이상 헤어질 수 있었던 순간들이 있었을 텐데 말이죠. 서로를 놓친 기간, 다른 사람에게 반했던 순간, 삶이 그들에게 원하는 것을 주지 않았을 때도 있었을 겁니다. 그런데도 그들은 그 벤치에 함께 앉아 수백 번 이상 서로를 배려하고 수백 번 이상 서로를 선택했습니다.

예전에 친엄마와 미스터 박은 함께 했었습니다. 사랑에 빠져 행복하고 삶에 대한 믿음이 가득했으며, 수백 번 이상 서로를 선택하기 위해 많은 것을 고려했을 겁니다. 하지만 그들의 무조건적인 사랑에 무슨 일이 일었던 걸까요? 그녀가 저를 임신했다는 것을 언제 알게 됐을까요? 그것은 바라던 꿈이었을까요, 아니면 피하려고 했던 악몽이었을까요? 저는 태어났고 얼마 안 되어 친엄마는 우리를 떠났습니다. 그녀가 저를 버렸다고 미스터 박이 말했지만, 그 말이 사실인지 모르겠습니다. 혹은 그가 그녀를 학대해서 그녀는 남은 유일한 선택을 했을지도 모릅니다. 그녀는 결국 저를 그의 곁에 남겼고 떠나버렸습니다. 어머니로서 그렇게 행동해야만 했다면 그녀는 정말 절망을 경험했을 것 같습니다. 아니면 제가 망상을 하는 걸까요? 저는 확실하게 알지 못합니다. 혹시 그녀도 사랑을 쉽게 생각했었을 수도 있고 감정을 무시했을 수도 있습니다. 그녀가 집을 뒤로 한 채 안도감을 느꼈을 수도 있겠죠. 제가 너무 많이 울었을까요? 제가 아버지를 너무 닮았을까요? 그녀에게는 제가 불행한 관계의 우울한 메모지처럼 보였을까요?

나는 미스터 박에 대해 거의 생각하지 않았으며, 이것이 현실이라는 것을 받아들였습니다. 아버지와 연락하고 싶지만 연락할 수 없는 사람들도 많습니다. 친엄마도 이제는 머릿속에 자주 떠오르지 않습니다. 파주에 입양인들을 위한 엄마품 동산이라고 불리는 특별한 공원이 개장된다는 소식을 듣고 약간의 희망을 가졌습니다. 공원 안에는 어머니와 딸을 상징하는 조각상과 어머니를 찾고 있는 입양인들을 위한 특별한 벽이 있습니다. 공원 웹사이트를 통해 입양인들이 사진과 연락처를 업로드하면, 사진이 인쇄되고 코팅 처리돼 벽에 게시됩니다. 저는 모든 정보를 제공하고 유동익 씨에게 공원에 가줄 수 있는지 물어봤습니다. 그는 직접 그곳을 방문했고 제 사진과 연락처가 그 벽에 걸린 모습을 영상으로 찍어 보내줬습니다. 한국 언론도 그 공원에 관심을 가졌고 '이런 일도 일어날 수 있다'라는 생각에 시도했지만 아무런 일도 일어나지 않았습니다.

저는 친엄마에 대해 다른 사람에게 말하지 않았습니다. 그러나 제 생일 때만은 예외였습니다. 그녀를 찾아가는 여정이 막다른 골목에 몰렸다고 생각하는 것이 싫습니다. 모든 행복을 제가 만들 수 있는 것이 아님을 올해 처음으로 깨달았기에 이를 받아들여야 한다고 스스로에게 말합니다. 그래서 저는 많은 일을 진행하는 가운데 정치인, 작가, 음악가 및 과학자들과도 몇 시간 동안의 인터뷰를 진행했습니다. 이들과의 대화 후에 나는 그들의 인생에서 중요한 전환점에 대해서, 그리고 지금까지 어떤 것을 놓거나 추구해야 하는지 스스로 깨달은 순간에 어떻게 대처해왔는지 모두 알게 되었습니다. 후자는 정확히 그동안 내가 깊이 고민했던 딜레마였습니다.

어느 날, 하피스트 라비니아 메이어(한국 출신 입양인 하피스트)가 라디오 에인(Radio 1)에서 제가 진행하는 프로그램 「미스 팟케스트」에 게스트로 참석했습니다. 그 인터뷰를 준비하면서 그녀가 한국인 아버지와 만나는 다큐멘터리를 보게 되었습니다. 그녀가 서울에서 공연한 뒤 대기실에서 조금 수줍어하는 남자와 재회하는 모습을 볼 수 있었습니다. 저와 미스터 박의 만남과 놀랄 정도로 유사한 점이 많았습니다. 우리 둘 다 상대방에게 "저는 네덜란드에서 행복해요. 당신은 죄책감을 느낄 필요가 없어요. 제 양부모님은 아주 친절하세요. 지금 이대로 좋아요"라고 얘기하면서 사실은 상대방이 어떻게 느껴야 하는지 결정하고 있었습니다. 사실 그러한 말로 상대방이 다른 감정을 느끼도록 유도하는 일이 성공하는 일은 거의 없습니다.

치유되지 않은 상처

　매주 금요일 저는 움베르토 탄(Humberto Tan: 수리남 출신의 네덜란드 라디오 진행자)의 라디오 에인 프로그램에 출연해 그 주에 라디오와 팟캐스트에서 눈에 띄는 것들에 관해 얘기합니다. 제가 그 주에 진행한 인터뷰들에 관해 얘기하고, 제가 들은 팟캐스트의 일부를 함께 들으며 놀라거나 웃는 즐거운 시간입니다.
　오늘은 라비니아 메이어와의 인터뷰에 대해 그에게 이야기하고, 내가 친아버지와 상봉했던 상황과 메이어가 친아버지와 상봉했던 상황을 방송 중에 라이브로 들려주었습니다. 그리고 그에게 무엇이 가장 인상 깊었는지 물었습니다. "당신들은 모두 양부모님을 만나 행복하다는 거죠?" 그는 물었습니다. 그리고 계속해서 질문했습니다. "이 단편에서 당신은 친아버지에게 아무런 원망이 없다고 말했는데, 다시 들어보니 어떤 감정이 드시나요?" 나는 대답하기 힘들다고 말했습니다.

왜냐하면 상봉 이후에 많은 일이 있었기 때문이라고 대답했습니다. 하지만 움베르토는 계속해서 물었습니다. "하지만 지금 당신은 어떤 감정을 느끼나요?"

이 대화가 가야 할 방향은 아니었습니다. 나는 단지 라비니아와의 인터뷰와 우리의 공통점에 관해 얘기했고 다음 주제로 기쁘게 넘기려고 했습니다. 하지만 나는 항상 규칙에 얽매이지 않는, 사람 냄새 나는 라디오 방송을 지지하기 때문에, 내 감정을 진심으로 말해야 했습니다. "아픔." 움베르토는 이제 한국의 아버지에게 뭔가를 원망하냐고 물었습니다. "네, 만남 이후에 그가 더 이상 연락을 원치 않는다는 것이 원망스러워요." 움베르토는 아버지를 옹호하려 하지 않았고 한국 문화를 완전히 알지 못한다고 말했습니다. "그렇지만 친아버지가 사랑이 부족해서가 아니라 지나친 체면 문화 때문에 그럴 수 있지 않을까요?"라고 물었습니다.

"하지만 그런 문화에 영향을 받아서 그러셨다면 그건 정말 안타까운 일이지 않아요?"라며 저는 예상했던 것보다 더 격한 목소리로 말했습니다. "그는 자신의 문화 외에 다른 문화를 모르잖아요? 마치 당신이 주로 네덜란드 문화만 알고 있는 것처럼"이라고 움베르토가 말했습니다. 저는 그렇게 말하고 나서 저 자신에게 놀라고 있었습니다. 아마도 제 안에는 아직도 치유되지 않은 상처가 있는 것 같았습니다. 그냥 멈추면 안 되겠다, 그를 다시 찾아가 봐야겠다, 친엄마를 찾아야겠다고만 생각했습니다. 왜냐하면 그러한 것들이 아직도 저에게 많은 영향을 주고 있으니까요. 그리고 스튜디오를 빠져나오면서 마치 한 대 얻어맞은 듯한 느낌이 들었습니다.

신발 속
작은 모래알

"왜 친어머니를 찾고 싶어 하나요?" 이 질문을 자주 받는데, 저는 이 질문이 터무니없다고 생각합니다. 그래서 저는 보통 이렇게 되묻습니다. "만약 당신의 어머니가 누구인지 모른다고 상상해보세요? 그녀의 얼굴을 떠올릴 수 없고, 그녀가 어떻게 말하는지, 어떻게 웃는지, 그녀가 당신을 볼 때 어떻게 고개를 움직일지 알지 못한다고 생각해보세요. 당신의 눈이 그녀의 눈과 닮았는지도 모릅니다. 그녀도 지금의 당신처럼 당찬 사람인지, 음악을 들을 때 춤을 추기 시작하는지 알 수 없잖아요? 그녀가 어디에 살고 있는지, 행복한지, 여전히 살아 계신지 궁금해요. 당연히 이 모든 게 궁금하지 않겠어요? 제가 그것을 알지 못하는 한, 제 안의 일부가 불완전한 상태로 남아 있게 될 거예요." 그 부분은 저 자신을 이해하고 지금의 저를 결정짓는 것들에 대해 자부심을 느끼게 하는 것입니다. 그것은 신발 속의 작은 모래알 같습니다. 느껴지지만 무시할 수 없는 그런 거죠. 저는 오랫동안 그렇게 지내왔어요. 미스터 박과 함께 겪은 그 모든 과정에서 그 일은 한동안 뒤로 밀려났으나 그 작은 모래알이 다시 돌아왔어도 저는 실연의 아픔 때문에 한동안 그것을 알아차리지 못했습니다. 움베르토와의 대화, 야꼽의 격려, 시간의 압박이 저를 억눌렀습니다. '그녀도 연세가 있으니 너무 오래 기다리게 하지 마라!' 이런 소리가 제 머릿속에서 울렸습니다. 모래알이 너무 커져서 점점 더 걷는 데 어려움을 느끼게 됐습니다. 저는 친엄마를 찾는 꿈을 꾼다고 큰소리로 더 자주 말했습니다. 하지만 꿈을 얼마나 더 오래 붙잡을 수 있을까요? 언제 포기해야 하고 언제까지 노력해야 할까요? 마마 리를 찾기 위해 저는 조금 더 노력하기로 했습니다. 포기하고 떠나기 전에 한 번만 더요. 영화 「피그」에서 니콜라스 케이지가 자신의 트러플 돼지를 찾는 장면이 나오는데, 미친 소리처럼 들릴지 모르지만, 그가 트러플 돼지를 찾는 여정이 저와 비슷하다는 생각이 들었습니다. "내가 아직 찾지 못하는 한, 그 동물은 아직 살아 있다"라고 그가 말하는데 저도 마찬가지입니다. 제가 친엄마를 찾지 못하는 한 그녀는 여전히 살아 있습니다. 저는 종종 친엄마의 모습을 상상해 보지만 번번이 실패하곤 합니다. 나쁜 징조일까요? 그녀가 더는 그곳에 없다는 뜻일까요?

첫 번째 시나리오는 그녀가 죽었다는 것입니다. 두 번째 시나리오는 그녀가 너무 고통스럽기 때문에 발견되기를 원하지 않는다는 것입니다. 왜냐하면 그녀의 현재 생활을 위험에 빠뜨릴 수 있어서 그녀 스스로 자신을 차단해 버렸을 수 있습니다. 세 번째 시나리오는 그녀가 저를 찾고 싶어도 방법을 모른다는 것입니다. 저는 통계학자는 아니지만 이런 식으로 생각해보면 이 이야기가 해피엔딩으로 끝날 확률은 3분의 1입니다. 저는 실행 계획을 세웠습니다. 모든 데이터베이스를 조사해야 하는데 DNA 탐정인 엘스 라이스가 그 일을 도와줄 겁니다. 한국에 가서 미스터 박에게 마지막으로 모든 정보를 알려달라고 부탁할 겁니다. 그가 말해주지 않으면 언론 공세를 시작할 겁니다. 한국 언론의 관심을 끌고 TV쇼, 라디오 프로그램, 신문에 호소하면 미스터 박도 정보를 제공해야 한다는 압박에 시달리게 될 겁니다. 길거리, 경찰서, 교회에서 전단지를 돌릴 거고요. "네가 그렇게 하면 미스터 박이 화를 낼지도 몰라. 어쩌면 너에게 해를 끼칠 수도 있어." 네덜란드 엄마가 걱정하셨습니다. 제 이야기가 공개되면 그가 매우 불쾌하게 생각할 것은 확실하지만, 그가 정말로 저에게 폭력을 행사하리라고는 상상할 수 없습니다. 저는 엄마에게 조심할 것이고 여행 동안 보호하는 사람들과 함께할 것이라고 안심시켰습니다. 이 말을 하면서도 저는 조심하지 않겠다고 결심했습니다. 더 이상 부드럽게 나가지 않을 것이고 도자기 가게의 코끼리처럼 거침없이 행동할 겁니다.

    이번 여행에 동행할 사람은 누구냐고요? 한국에서 제 단골 통역사이자 입양인들의 혈육 찾기에 힘쓰고 있는 유동익 씨입니다. 그는 농담으로 자신을 이렇게 소개하곤 합니다. "저는 유 그랜트입니다." 우리는 평창 동계 올림픽 동안 협력하는 파트너로서 정말 훌륭하게 일을 해냈습니다. 그리고 저는 모든 것을 촬영할 사람을 찾고 있지만 주로 저를 도와줄 사람을 찾고 있습니다. 야꼽이 함께하고 싶어 하죠. 장점으로 그는 저를 잘 돌봐주고 보호해주고 촬영도 할 수 있고 한국에 와본 적도 있고 저를 잘 알고 있습니다. 하지만 많은 감정을 불러일으킬 수 있는 여행에 매일 슬퍼하는 전 애인을 데리고 가는 것은 현명해 보이지 않습니다. 좋은 친구 요리스도 함께 갈 수 있는데, 그도 촬영을 할 수 있고 저를 지켜볼 수 있지만, 한국 문화는 잘 모릅니다. 수현에게도 물어볼 수 있어요. 수현은 한국 문화를 속속들이 알지만, 그 문화를 너무 이해하다 보니 나처럼 강하게 나가기가 어려울까 봐 걱정됩니다.

상봉을 시각화하는 것이 좋겠다고 생각했습니다. 제 생가와 가까운 수원 화성의 옛 성곽에서 자연스럽게 만남이 이루어지는 게 포인트입니다. 저는 성벽을 따라 걸어 올라갑니다. 눈 위에 발자국을 남기고 따뜻한 입김을 날려 보냅니다. 한 걸음 한 걸음 내디딜 때마다 분주한 도시의 교통 소음이 조금씩 줄어듭니다. 이제 언덕 꼭대기에 있는 건물의 윤곽이 보입니다. 집은 붉은색 기둥과 청록색이 강렬한 2층 지붕의 독특한 수직 나무 장식이 눈에 들어옵니다. 누각 중앙의 두 번째 계단에 앉아 있는 한 여성의 실루엣이 보입니다. 천천히 그 형상이 일어서서 제 방향으로 걸어옵니다. 그녀는 저와 같은 키에 진한 파란색 정장을 입고 있습니다. 그녀의 피부는 저보다 약간 더 밝고, 짙은 갈색 눈, 높은 광대뼈, 어깨 바로 위로 흘러내린 웨이브가 있는 머리를 소유했습니다. 그녀의 눈물이 뺨을 타고 흘러내립니다. 그녀는 저를 꼭 안고 제 손은 그녀의 등을 쓰다듬고 있는데 누가 누구를 위로하고 있는지 분명하지 않습니다. 딸을 혼자 내버려 둔 세월 때문에 엄마가 딸을 위로하는 것일까요? 아니면 엄마를 그리워해야 했던 세월 때문에 딸이 엄마를 위로하는 것일까요?

헤어짐의 고통

　　야꼽과 헤어지고 난 후, 이별의 고통이 상대방이 어떤 사람인지와는 완전히 별개로 존재한다는 것을 깨달았습니다. 그 고통은 제가 그에게서 버림받았다는 사실에서 비롯됩니다. 우리의 사랑을 끝내길 원했으며, 이별의 시점을 결정한 사람이 그라는 사실에서요. 이는 마치 제가 유아였을 때 친엄마가 저를 떠났던 그 순간부터 제가 짊어지고 온 상처에 소금을 뿌린 것과 같았습니다. 그녀가 고의적으로 떠났어도 안 되고, 떠나지도 말았어야 합니다. 만약 이별을 선택할 권리가 있다면, 그건 내 쪽에서 가져야 합니다. 그래야 통제권이 저에게 생기니까요. 그러면 나는 다른 사람을 밀어내고 나의 상처를 보호할 수 있을 거에요. 저는 다시 버림받아서는 안 됐습니다. 이미 충분히 그 고통을 겪었습니다. 심리학을 공부하지 않아도 제게 어떤 심리학적 진단이 내려질 지 알 수 있습니다.

바로 분-리-불-안입니다.

 물론 과거에도 누군가 저를 떠난 적이 있습니다. 그리고 저는 아마도 평소보다 더 많이 그 문제로 마음고생을 했습니다. 그러나 그 사랑들은 짧았고 덜 깊었습니다. 팩트는 지금처럼 진행되어서는 안 된다는 것입니다. 친구로 남겠다는 결심은 아름답고 고상하지만, 그것이 저에게 고통을 주고, 저를 방해하는 것이어서는 안 됩니다. 이제 작별을 고할 때입니다. 그래서 저는 그에게 우리의 우정을 끝내는 작별 메일을 썼습니다. 이메일을 보내고 울음을 터뜨린 후 평온함을 느낄 수 있었습니다. 그는 마침내 관계를 끝냈고 저는 우리의 우정을 끝냈습니다. 하루 뒤 그는 저에게 그 이메일을 읽으며 울었다고 알려왔습니다.

 저는 요리스와 함께 한국으로 가기로 결정했고 야꼽과 함께 하지 않기로 했습니다. 저는 원래 야꼽과 이 여행을 하고 싶었습니다. 내 생에서 가장 중요한 여행, 평생 그리워하던 그 한 사람을 찾아 나서는 여행을 그와 함께 하고 싶었습니다. 알지 못한 상태에서도 누군가를 그리워할 수 있는 겁니다. 야꼽은 저에게 있어 이 한 조각 퍼즐이 얼마나 중요한지를 가장 잘 설명했습니다. 그는 한국이란 나라를 알고 있고, 미스터 박을 알고 있고, 저를 이해하고 있었습니다. 그럼에도 저는 이번 여행을 그의 도움 없이 하기로 했습니다. 저는 그것이 가능할 수 있도록 강해져야 했습니다. 저에게 야꼽만큼 아픔을 준 사람은 이제껏 없었습니다. 심지어 미스터 박조차도요.

지금까지 저를 이만큼 아프게 한 사람이 아무도 없었다는 사실이 놀라웠습니다. 정말로 그렇게 심각했습니다. 어떻게 그럴 수 있죠? 미스터 박은 저를 마치 상점에 물건을 반품하듯이 입양 기관에 데려갔습니다. 결국 그의 삶에 제가 어울리지 않았던 거죠. 반면에 야꼽은 실제로 저를 사랑해주었지만, 3년 후 저를 떠났습니다. 저는 저 자신을 이해할 수 없었습니다. 어떻게 후자가 더 트라우마로 느껴질 수 있을까요? 한 해가 넘도록 이겨내려고 노력했지만, 그것을 극복하지 못했습니다. 머리와 마음 사이의 어딘가에서 연결이 잘못되어 더 이상 맞지 않는다는 느낌을 받습니다. 잘못된 길로 들어서서 잘못된 것들로 인해 부당하게 많은 고통을 느낍니다.

3부

한국인 엄마를 찾습니다

9장

피할 수도, 미룰 수도, 되돌아갈 수도 없는

5,100만 중에
단 한 사람

대한민국에서는 여전히 코로나 대유행으로 인해 엄격한 규정이 적용되고 있었습니다. 이 나라를 방문하려는 사람들은 대한민국 정부가 지정한 숙박 시설에서 의무 격리를 이행해야 했습니다. 다시 말해, 도착 시 PCR 검사를 받은 후 호텔 객실에서 일주일 동안 격리해야 하며 객실 밖으로는 나갈 수 없었습니다. 하루에 세 번 식사가 제공되었습니다. 그 일주일이 지난 후 다시 PCR 검사를 하고 음성 판정을 받아야 자유롭게 밖으로 나갈 수 있습니다. 그러는 사이 2022년 2월에 러시아와 우크라이나 간에 전쟁이 발발했고 한국행 비행편이 잠시 중단되었습니다. 요리스와 함께 가는 것이 맞는지 고민하게 되었고 전쟁과 전염병 대유행 시기에 여행하는 것이 타당한지도 생각해야 했습니다. 「스프를로스」에서 가장 슬픈 이야기가 있다면 딸이나 아들이 너무 늦게 도착하는 사례였습니다. "미안해요, 당신 아버지는 지난달에 돌아가셨어요." 항공편은 러시아 항로를 피하기 위해 새로운 경로로 재개됐고 저는 두 장의 표를 예약했습니다. 친엄마를 찾으러 가기로 결정한 것입니다. 저는 이러한 결단으로 안정을 찾았습니다. 정말로 친엄마를 찾고 싶었으니까요. 더 이상 피할 수 없고, 미룰 수 없으며, 되돌아갈 수도 없었습니다. "어떻게 됐어요? 정말 친엄마를 찾을 수 있었어요?" 이 질문은 엄마를 찾는 여행에 대해 얘기할 때마다 모든 사람으로부터 받았습니다. 저는 그 질문이 도전적이라 생각해서 나 자신의 바람을 누그러뜨리려고 친엄마를 찾지 못할 수 있다는 생각을 하면서 이상한 답변을 하곤 했습니다. 그런데 저는 친엄마를 찾을 수 있다는 확신도 없으면서 왜 이 여행을 가려 할까요?

요리스와 함께 힐버숨에 있는 호수 근처를 걸었습니다. "그런데 미즈, 당신 계획이 뭐야?" 요리스가 이번 주에만 세 번째로 물었습니다. 나는 이렇게 대답했습니다. "그냥 거기 가서 주황색 의상을 입고 서울 광장에서 자전거를 타면서 대충 미디어의 관심을 끌고, 그런 다음 우리는 무엇을 어떻게 할지 결정할 거야." 솔직히 심하게 말하면, 상당히 좋지 않은 계획으로 들릴 겁니다. 곰곰이 생각해보면 운에 맡기는 거라 찾을 가능성이 전혀 없어 보였습니다. 『한국인 엄마를 찾는 법』이란 핸드북은 없습니다. 제가 할 수 있는 유일한 일은 최대한 가깝게 다가가는 것입니다. 최선을 다하는 것이죠. 그러나 저는 이 '친모 찾기'란 전문 용어를 구체적 계획으로 번역해 내기가 어렵습니다. 제가 그에게 물었습니다. "어떻게 생각해? 우리가 이름만 아는 여성을 5,100만 명 인구가 있는 나라에서 찾을 수 있을까?" 그는 저의 수사적 질문에 대해 생각했습니다. "응, 가능하다고 생각해. 불가능하지 않아."

여행을 몇 주 앞두고 저는 DNA 검사 전문가인 엘스 레이스를 방문했습니다. 그녀는 안경을 쓰고 호기심 가득한 눈으로 세상을 바라보는 여성입니다. 그녀는 일상 업무에서 DNA 데이터베이스를 훑어서 일치하는 것을 찾아냅니다. 상호 연관성을 찾아 일치하는 사람들 뒤에 숨은 사람들을 찾아내고 그러한 방법으로 가족들을 하나로 모으는 작업을 합니다. 그녀는 이 작업으로 TV 프로그램 「미확인 DNA(DNA Onbekend)」와 「유전자를 찾아가는 여행(De reis van je genen)」을 위해 일하고 있었습니다. 저는 언젠가 그녀를 인터뷰한 적이 있었는데, 그녀는 아무 말 없이 저에게 명함을 슬쩍 건넸습니다. 아마도 미래를 예지했던 것 같습니다. 그녀는 저의 친엄마 찾기를 돕기 위해 도움을 주기로 했습니다.

저는 오늘 그녀의 사무실에 앉아 두 가지 DNA 테스트를 진행했습니다. 침을 작은 통에 가득 채워야 했는데 다행히도 여러 번 나눠 채워도 됐습니다. 저의 DNA는 거의 전 세계 대부분의 DNA 데이터베이스에 추가될 것이고 몇 달 후에는 친모에게 안내할 일치되는 샘플이 있는지 알게 될 것입니다. 예를 들어, 미국에 사는 사촌의 사촌일 수도 있습니다. 엘스는 그 먼 DNA 가지들을 통해 친모를 찾아가는 방식을 이용하니다. 그녀는 미스터 박에게서 DNA 샘플을 채취할 수 있도록 DNA 테스터를 가져갈 것을 제안했습니다. 그는 이미 이전에 아무런 반대 없이 친부 확인 검사에 협조한 적이 있지만, 이것은 다른 유형의 검사입니다. 엘스가 미스터 박의 DNA 프로필을 가지게 되면 친모 쪽의 DNA 일치를 더 명확하게 식별해낼 수 있을 겁니다. 저는 친모를 찾을 가능성이 얼마나 되는지 그녀에게 물었습니다. "오, 우리는 그녀를 꼭 찾을 거예요. 단지 시간문제일 뿐이죠." 그녀는 자신 있게 말했습니다. 저는 그 대답에 흥분되면서도 안도감이 생겼습니다. 어쨌든 저는 친모를 찾을 겁니다. 단지 언제가 될지 모를 뿐입니다. 요리스는 그것을 믿고 있었고, 엘스는 그것을 확신했으며, 저만 유일하게 회의적인 사람이었습니다. 그러나 저는 이것을 드러내서 말하지 않았습니다. 회의적이라는 것은 아무 결과도 내지 않는 사랑의 희망이기 때문입니다.

저는 튤립 모양의 연필 수백 개, 나막신 모양의 마그네틱 그리고 스트롭바플을 구매했습니다. 한국인들이 좋아하는 이들 기념품으로 저의 이야기를 들어주고 저의 친엄마 찾기를 도와줄 경찰, 시청 공무원 또는 시장에서 장 보는 사람들에게 효과를 발휘하지 않을까 생각합니다. 저는 유동익 씨와 페이스타임으로 연락했고 일정표 초안을 만들었습니다: 경찰서, 시청, 고아원, 마지막으로 미스터 박과 함께 살았던 곳. 입양 기관에서 찍은 어릴 적 흑백 사진이 실린 전단지를 인쇄했습니다. 이 사진은 고아원에서 찍은 것이고 큰 한국어 글자로 위에 "저의 어머니를 찾아주세요. 이명숙"이라고 적었습니다. 그 아래 몇 줄의 제 인생 이야기와 "엄마를 찾아서 안아주고 엄마를 사랑하며 잘 지내고 있다는 말을 진심으로 전하고 싶습니다"란 문구도 실려 있었습니다.

전단지를 보니 다른 사람을 보는 것처럼 느껴졌습니다. 혹은 고양이 실종 전단지처럼 흑백 사진이 실린 A4 용지가 전신주에 붙은 것을 보는 것 같았습니다. 그런 호소문은 슈퍼마켓에 가기 위해 자전거를 타고 지나칠 때 재빨리 읽으며 몇 초간 '아, 주인들 참 안 됐네'라고 생각하게 하는 효과밖에 없을지도 모릅니다. 한국인들은 저의 호소문을 어떻게 받아들일까요? 그들은 입양인의 심정을 이해할 수 있을까요? 저는 세 살짜리 어린아이의 눈에서 슬픔과 자부심을 볼 수 있습니다. 사진 아래 텍스트에서 글쓴이는 엄마에게 아무런 원망이 없음을 강조하고 있습니다. 제가 친엄마에게 화가 나 있을 거라는 염려를 미연에 차단하려고 합니다. 왜냐하면 저는 정말로 그녀에게 화난 적이 없기 때문입니다. 지금까지 그런 적이 한 번도 없었습니다. 모든 이야기를 알 수는 없지만, 그녀에게 다른 방법이 없었고 그것이 그녀를 상처받게 했다고 느꼈습니다. 그녀는 죄책감을 느끼며 저를 생각하지 않은 날이 없었을 거라고 생각했습니다.

이것은 버림받은 것에 관한 이야기

분노는 정말 무의미한 감정입니다. 사람을 마비시키고, 천천히 내부를 갉아먹으며, 치유보다 파괴를 일삼습니다. 하루 일과를 마치고 운전하며 집으로 가는 길에 친구 셈에게 전화를 했습니다. "나는 아직도 야꼽에게 화가 나"라고 그에게 말했고, "나 자신도 이해가 안 되지만 더 이상 화를 내고 싶지는 않아"라고 덧붙였습니다. 그는 잠시 침묵하더니 말했습니다. "사실 그건 너무 당연한 일이야. 정말 버림받았던 마지막 순간을 떠올려봐. 그때는 어떻게 반응했었는지?" 저는 바로 네덜란드에 처음 왔을 때 사진들을 떠올렸습니다. 그때 저는 화가 났고 모욕을 느꼈습니다. 다시 말해, 그때 그 기분과 지금 기분이 똑같은 거죠. 마침내 저는 버림받았을 때 제 반응을 이해할 수 있었습니다. 어린 시절부터 계속 그런 반응을 보였던 것 같아요. 역시 지금도 그런 반응을 보이는 것이겠죠. 저가 첫 번째 버림받은 것이 제 삶에 미친 영향이 얼마나 큰지 깨닫게 됐습니다. 저는 항상 입양과 도착했을 당시의 이야기에 집중했습니다. 네덜란드 부모님이 저에게 가족, 집 그리고 따뜻한 품을 제공해준 이야기였습니다. 거기에는 따뜻함과 감사함만 있었습니다. 그러나 그 이야기 전에는 다른 이야기가 있었겠죠. 네덜란드로 오기 전에 벌어진 버림받은 것에 관한 이야기였습니다. 이것은 아이가 가장 믿고 의지할 수 있는 사람, 엄마와 아빠가 나를 버린 이야기였습니다. 이러한 것들은 어린 시절에 물어보지 않아도 평생 안고 가야 하는 교훈이라고 할 수 있습니다. 교훈 1: 무조건적인 사랑은 없다. 교훈 2: 당신이 아주 재미있거나 다정하지 않다면 또는 상황이 여의치 않다면 사람들은 당신을 버릴 것이다. 따라서 더 노력해야만 한다. 교훈 3: 가정은 첫 느낌에 안전해 보일 수 있지만 언제든 나가라는 소리를 들을 수 있고, 예상치 못한 순간에 무너질 수도 있다.

버려졌다는 느낌은 모든 것에 영향을 미칩니다. 삶을 어떻게 살 것인지에 영향을 미칩니다. 어떤 엄마가 될 것인가에도 영향을 미칩니다: 더 엄격하고 바라는 것이 많아질 수 있습니다. 겨우 과락을 면한 60점을 받는다는 사실은 당신이 대충 넘어갔다는 것을 의미합니다. 제가 일하는 방식은 항상 다른 사람들보다 열 배 더 열심히 일하고 친구들과 어울릴 때도 조금 더 많이 베풀려고 노력했습니다. 이성 관계에서도 상대방을 잃을까 봐 두려워하며 상대방에 맞추는 모습을 보였습니다.

나를
믿어야 한다

코로나 시기에 한국으로 가서 경기도 오산으로 향했습니다. 그곳은 미스터 박의 집이 있는 곳입니다. 그 자체만으로도 이 여행은 성공적입니다. 그는 이전에 저를 한 번도 자신이 사는 주변으로 불러들인 적이 없습니다. 그의 집에서 나눌 대화는 이 여정의 모든 것을 결정짓는 대화가 될 것입니다. 그는 제게 친엄마에 대한 더 많은 정보를 제공할까요? 저는 그 어떤 작은 내용이라도 기뻐할 겁니다. 왜냐하면 그것은 하나의 단서가 될 수 있기 때문입니다.

저와 유동익 씨는 미스터 박과 술을 마시는 계획을 세웠습니다. 미스터 박이 말을 많이 하게 하기 위함이었습니다. 그러나 유동익 씨는 미스터 박이 등 수술을 받았다는 사실을 알고 그가 통증을 완화하기 위해 진통제를 먹는 일이 없기를 바랐습니다. 그래서 우리는 그에게 소주를 조금만 드리기로 했습니다. 가장 좋은 시나리오라면 미스터 박이 격의 없는 분위기에서 제게 엄마에 대한 새로운 정보를 많이 알려주는 것입니다. 가장 나쁜 시나리오는 그가 항상 하던 대로 그녀의 이름만 얘기하고 나머지는 기억나지 않는다고 말하는 경우겠죠.

그럼 플랜 B로 넘어가게 됩니다. 그의 이미지에 손상이 가거나 창피를 당하는 것을 고려하지 않고 알리는 방법입니다. 저는 가장 큰 한국 신문에 제 사진과 한국 이름, 친엄마의 이름과 미스터 박의 이름이 포함된 광고를 게재할 겁니다. 또 우리는 신문, 텔레비전, 라디오 방송국에 보도 자료를 보낼 겁니다. 그는 그것을 끔찍하게 생각하겠지만 저에게는 더 이상 잃을 것이 없습니다.

호텔 방은 대기실이 되고 만일의 대비를 위한 장소이자 큰일을 준비하는 곳이 될 겁니다. 저는 일부러 잠도 충분히 잤고 건강식만 골라 먹었습니다. 동시에 큰일에 대한 압박을 느끼고 있었고 그 큰일이 일어나지 않을 경우 어떻게 할지를 고민했습니다. "나는 잘 될 거라고 믿어. 미즈"라면서 요리스가 앞 바구니에 있는 음식을 찌르면서 페이스타임으로 화상통화를 하는 동안 저를 안심시켰습니다. 저는 소의 눈알을 닮은 구운 버섯을 뚫어지게 바라보았습니다. "너는 질문을 바꿔야 해. 성공하지 못할 이유가 뭐야?" 요리스는 집에서 가져온 땅콩버터를 바른 크래커를 입에 문 채 말했습니다. 그럼 저는 백 가지 이유를 생각할 수 있지만, 그의 말에 맞장구를 칠 수

밖에 없습니다. 우리 스스로를 믿지 못한다면 도대체 누구를 믿겠습니까?

꾸며진 연극 같은 시간

격리 해제 하루 전에 우리는 실망스러운 소식을 들었습니다. 미스터 박이 우리를 집에서 만나주지 않기로 했다는 소식이었습니다. 만남 약속은 토요일인데 그때 그의 막내딸이 예고 없이 방문할 가능성이 있다는 겁니다. 그는 여전히 제 존재를 막내딸에게 알리지 않았습니다. 그래서 우리는 다시 장소를 바꿔 식당에서 만나기로 했습니다.

유동익 씨의 차를 타고 우리는 서울에서 남쪽으로 약 35km 떨어진 수원으로 갔습니다. 우리는 호텔에 체크인하고 짐을 풀었습니다. 점점 더 스트레스와 긴장감이 몰려와 배가 아팠습니다. 미스터 박을 만날 때마다 항상 그런 일이 생깁니다. 제 몸은 이미 느끼게 될 불편함을 대비하는 것입니다. 참 이상하죠? 아버지와 재회하는 거라면 보통 평온함이 몰려올 거라 예상할 텐데 말이죠.

식당으로 가기 전에 유동익 씨와 요리스와 함께 백화점에 방문했습니다. 저는 미스터 박에게 줄 선물을 사고 싶었습니다. 유동익 씨가 조언한 것은 비싼 브랜드의 로고가 돋보이는 벨트였습니다. 그렇게 하면 그가 그것을 자랑할 수 있을 테니까요. 130유로, 가격표가 붙어 있었습니다. 제가 별 감흥을 느끼지 않는 사람에게 투자하기엔 꽤 큰 금액이지만 그런데도 그 벨트를 샀습니다. 식당으로 가는 길에 유동익 씨는 제게 한국 남자에 관한 이야기를 해주었습니다. 한국 남자는 평생 딱 두 번 운다고 합니다. 태어날 때 한 번, 그리고 어머니가 돌아가실 때 한 번. 그사이에는 감정을 거의 드러내지 않는 것과 부모님이 자랑할 만한 아들이 되는 것이 중요하다고 했습니다. 다르게 말하면, 가족, 이웃, 동료들이 그를 비하할 수 있는 일을 절대 하면 안 된다는 것입니다. 만약 실수를 저질렀어도 부인하고 최대한 깊이 숨기려고 한다고도 했습니다. 체면 떨어지는 일을 가장 싫어하기 때문입니다. "우리 아버지 세대는 지금 세대보다 그것이 유독 강해"라고 유동익 씨가 말했습니다. "그들은 입을 꾹 다문 굴처럼 굳건하고 폐쇄적이지."

식당은 작은 개울, 작은 다리, 나무들과 고추장 담긴 장독들로 가득 찬 정원 안에 있었습니다. 그는 아직 도착하지 않았습니다. 저는 벌써 배가 아파왔고 10개의 테이블 중 하나에 자리를 잡고 앉았습니다. 그러자 그가 들어왔습니다. 선글라스, 운동화, 검은색 스포츠 재킷을 착용한 그는 언제든 산을 오를 준비가 된 것처럼 보였습니다. 나이 많은 한국인들 사이에 유행하는 의상 스타일이라고 합니다. 그는 마스크를 가리키며 그와 새어머니 그리고 이복자매들이 모두 코로나에 걸렸다고 하며 혼자 온 이유를 설명했고, 식사를 함께하지 않을 것이고, 짧게 머무를 것이라고 말했습니다. 유동익 씨는 믿을 수 없다는 신호로 저를 향해 눈짓했습니다. 미스터 박은 식당 종업원에게 빨리 음식을 가져오라고 신호를 보냈습니다.
"빨리, 빨리!"

"건강하세요?" "응, 난 건강해."

"새어머니는 어떻게 지내세요?" "현재 코로나에 걸렸다는 것을 제외하고는 괜찮아."

"쌀 판매는 어떻게 되고 있어요?" "내 일은 잘되고 있다, 고마워!"

"이 사람은 제 사촌 요리스예요. 제 남편은 아니고요."

저는 불필요한 오해를 피하고 싶었습니다.

불편함 때문에 생긴 복통이 또다시 찾아왔습니다. 제가 연극에서 원치 않는 역할을 맡은 것 같은 느낌이 들었습니다. 보고 싶지도 않은 연극 말이에요. 모두가 각자의 역할에 갇혀 있는 것 같았습니다. 우리는 청중을 위해 정해진 대사를 읊을 뿐, 등장인물 간의 상호 작용은 없는 셈이죠. 저는 그에게 선물을 주었고 예의상 인사를 나누며 버텨냈습니다. 먼저 음식을 먹고 나서 깊은 이야기를 나누라는 유동익 씨의 사전 지시를 받았습니다. 인내심은 제 강점이 아닙니다.

유동익 씨가 신중하게 질문을 시작했습니다. "저희를 만나주셔서 감사합니다. 저희는 미샤의 친어머니를 마지막으로 한 번 더 찾기 위해 여기 왔습니다. 혹시 조금 더 기억이 나는 것이 있으실까요? 아주 오래전 일인 것은 알지만 그래도 조금만 더 깊이 기억을 떠올려 주실 수 있으실까요?"

미스터 박은 눈길을 돌리고 속삭이더니 머리를 저으며 뭔가 표현을 하려는 듯하다가 멈추더니 한숨을 쉬었습니다. 유동익 씨는 핵심 질문에 어떤 회피 동작을 하는지 정확히 알고 있었는데, 제가 유창한 한국어 구사를 원하는 이유가 바로 이런 순간입니다. 제가 그냥 미스터 박의 어깨를 꽉 잡고 흔들면서 "대답해, 미친놈아!"라고 외치지 않도록 자제력을 유지해야 할 때입니다.

연극 대본에는 내가 잠시 바람을 쐬러 나간다고 적혀 있었습니다. 그래야 유동익 씨와 미스터 박이 방해받지 않고 이야기할 수 있을 테니까요. 요리스와 저는 밖으로 나갔습니다. 잠시 공연장에서 나올 수 있어서 기뻤습니다. 지금 당장 그와 함께 차를 타고 가장 가까운 유흥가로 가서 노래방에 앉아 맥주 열 잔을 주문하고 싶었습니다. "정말 냉소적인데!" 요리스가 말했습니다. "나는 서로 꽉 껴안을 줄 알았고, 네 친아버지가 너를 보고 기뻐하는 모습을 보일 줄 알았는데, 모든 게 너무 사무적이야!"

그게 바로 눈물샘이 터질 것 같은 이유였습니다. 나는 아무리 불편한 상황이라도 두려워하지 않습니다. 인터뷰어로서

의도적으로 그런 상황을 찾아다니거든요. 불편함은 대화를 혼란스럽게 만들고 인터뷰 대상자를 당황하게 해서, 그가 계획한 것보다 더 개인적인 이야기를 하게 만들 수 있습니다. 하지만 그 사무적인 태도는 내 마음을 너무 아프게 했습니다. 저에게 생명을 준 사람이 저를 마치 아무 관계도 없는 행인처럼 대하다니 너무 힘들었습니다. 제가 아무리 노력해도 그에게 아무 감정을 느낄 수 없다는 것이 너무 힘들었습니다. 양쪽 모두 그 역할에서 벗어나지 못하는 무능함에 서글퍼집니다.

우리가 다시 자리로 돌아왔을 때, 유동익 씨는 남자 대 남자로 나눈 대화에서 두 가지 새로운 정보를 얻었다고 속삭였습니다. 친엄마는 수원에 있는 한 섬유 공장에서 일했고 서울 서쪽 도시인 부평으로 이사한 것 같다고 했습니다. 정말 훌륭했습니다. 그건 제가 기대한 것보다 더 많은 정보였습니다. 재빨리 몇 가지 음식을 더 먹고 기록을 위해 아버지와 딸 사진을 촬영했고 그의 DNA를 채취한 후 정리해서 떠났습니다. 미스터 박이 계산을 마친 후 식당 주차장에서 우리는 작별 인사를 했습니다. 그는 아직도 자신이 코로나에 걸렸다고 확신하고 있어서 별도의 포옹은 없었습니다. 뒤로 걸어가면서 그는 두 손을 하늘로 흔들었습니다. 눈에 띄게 안도한 그는 파란 픽업트럭에 올라타더니 창문을 통해 한 손을 계속 흔들었습니다. 우리는 세 명이 나란히 서서 마치 왕실 무역 사절단의 일원인 것처럼 그가 시야에서 사라질 때까지 손을 흔들었습니다.

　우리는 토요일 밤 호텔이 있는 수원으로 돌아왔습니다. 잿빛 거리가 형광등으로 물들어 고음의 케이팝 음악이 스피커에서 흘러나오고 있었습니다. 거리마다 담배를 피우며 헤매거나 소주에 취해 어슬렁거리는 한국인들이 보였습니다. 저와 요리스가 아침에 깬 격리 호텔과는 대조적이었습니다. 돌아갈 때까지 이제 8일 남았습니다.

10장

모래밭에서 숨은 진주 찾기

수원에서 전단지 돌리기

일요일이 되었습니다. 안개가 걷힌 후 우리는 전단지 묶음을 들고 가방에는 네덜란드에서 가져온 물건들을 가득 담은 채 수원 시내로 향했습니다. 언젠가 미스터 박으로부터 받았던 주소로 가는 길이었습니다. 미스터 박과 친엄마, 그리고 제가 함께 살았던 마지막 주소 말입니다. 그곳은 파장로라는 넓은 거리였고 시장과 가까웠습니다. 그곳에는 111번지가 적혀 있었고, 저는 그곳에서 잠을 자고 먹고 놀았던 것이 분명했습니다. 지금은 서양식 회색빛 건물이 서 있었는데, 1층에는 부동산 사무실이 있고 2층은 가정집인 건물이었습니다. 우리가 초인종을 누르자, 그곳에 사는 사람이 아래로 내려왔습니다. 우리가 전단지를 건넸지만, 주인은 알아보지 못하는 것 같았고 미스터 박의 이름도 알지 못했습니다.

이러한 상황을 오늘 하루 수없이 마주하게 될 것입니다.

우리는 이제 막 교회로 예배를 드리러 들어가는 사람들, 시장에서 고기를 사는 사람들, 채소를 자르다가 멈추는 식당 주인들에게 열심히 전단지를 돌렸습니다. 그들은 몇 초간 주의 깊게 보더니 사진을 가리키며 저에게 물었습니다. 연민의 눈빛을 보이고 전단지를 부드럽게 문지르더니 머리를 천천히 흔들기 시작했습니다. 저는 진열장, 창문과 게시판에 전단지를 붙일 수 있는지 물었습니다. 대부분은 허락해 주었습니다. 우리는 양면테이프로 A4 용지를 붙인 후에 답례로 튤립 모양의 연필이나 나막신 모양의 마그네틱을 나눠주곤 했습니다. 웃음을 지으며 인사를 한 후 열 번 이상 "안녕"이란 말을 했습니다.

우리는 오늘 수원 시내의 거리 모습을 바꾸었습니다. 가로등, 진열장, 가게, 식당, 교회에 제 전단지를 붙였거든요. 목사님, 제빵사, 웨이터들은 모두 튤립 모양의 연필로 글을 썼고 제 사진이 찍힌 나막신 모양의 마그네틱을 냉장고에 붙였습니다. 그들은 공감하며 진짜 도와주고 싶어 했고 이야기의 결말을 알고 싶어 했습니다. 우리의 엄마 찾기 소식을 계속 알려달라고 요청하는 사람들이 많았습니다. 친엄마를 찾았는지 매일 전화하는 미용사도 있었습니다. 달콤한 옥수수빵을 파는 귀여운 남자는 자랑스럽게 말했습니다. "저는 전국을 다 돌아다닙니다." 그는 전단지를 읽고 도움을 주고 싶다면서 A4 용지를 손에서 빼앗아 그의 자동차 앞 유리창에 붙였습니다. 제 어린 시절 사진이 붙어서 전방을 볼 수 없으면서도 한국

전역을 운전하는 그 남자의 모습을 상상해 보세요!

그날 밤, 우리는 가장 큰 신문사인 조선일보에 게재할 광고 문구를 작성했습니다. 또한 "네덜란드 방송인이 자신의 한국인 어머니를 찾습니다"라는 제목의 보도 자료도 작성했습니다. 유동익 씨는 그 내용을 한국어로 번역해 다양한 한국 언론사와 기자들에게 전달했습니다. 그 내용은 15분 만에 한국 뉴스 사이트에 게시되었습니다. 우리는 삼겹살 식당으로 향했고 그곳에서 각자 빨간 앞치마를 착용했습니다. 요리스는 귀여운 눈빛으로 큰 가위를 가지고 고기를 잘랐습니다. 우리는 맥주를 마시며 하이 파이브를 했습니다. 좋은 하루였습니다.

월요일에는 서울에 있는 경찰서로 이동했습니다. 공식적으로 친엄마를 찾기 위해서였습니다. 유동익 씨는 미리 그 경찰서에 연락해 가족 찾기를 의뢰했고 그들은 시간을 내 처리해주겠다고 했습니다. 이번 방문은 단지 압박을 가하고 가족 찾기 담당 부서의 경찰관 중 한 명을 직접 만나기 위해서였습니다. 인사를 하고 스트롭바플을 건넸습니다. 3분 후에는 제 머리에 유에프오가 착륙할 확률이 이 경찰서가 친엄마를 찾을 확률보다 높을 것 같다는 느낌을 받으며 밖으로 나왔습니다. 우리는 전통 한국 식당에서 점심을 먹었습니다. 나무로 만든 의자와 테이블에서 돌 그릇에 밥을 담은 돌솥밥을 먹었습니다. 밥을 돌솥에서 퍼서 다른 밥그릇에 담은 다음 반찬과 함께 먹었습니다. 마지막으로 주전자에서 뜨거운 물을 돌솥에 붓고 약간 저어주면, 누룽지가 끓으면서 훈제 맛 나는 눌은밥이 됩니다. 한국 음식 문화에 잠시 몸을 맡기고 속에 든 감정을 꺼내 놓으면 무척 기분이 좋아집니다. 요리스가 젓가락으로 고기 한 조각을 집기 위해 세 번이나 시도하다 결국 떨어뜨리는 모습을 보고 웃음을 터뜨렸습니다.

의문투성이인
입양 기관

서울 북쪽에 위치한 한국사회봉사회라는 입양 기관으로 가는 길에 멀리 북한산을 볼 수 있었습니다. 원래 건물이 서 있던 자리에 새 아파트가 들어섰습니다. 작은 건물 하나만 남아 있었고 그곳에서 국제 입양 아동을 접수하던 키 작은 김 부장이란 여성이 일하고 있었습니다. 그녀는 1970년대에도 이 입양 기관에서 일한 적이 있었고 8년 전에 저에게 미스터 박을 찾았다는 메일을 보내준 분입니다. 그리고 그 숨겨진 문서에 대해 말해준 사람이기도 했습니다. 마치 숨겨진 파일이 존재하는 것이 당연한 것처럼 말했었습니다. 저는 그녀에게 몇 가지 비판적 질문을 하기로 했습니다.

먼저 당시 건물의 모형을 감상하는 형식적인 의식이 있었습니다. "여기에서 아기들과 아동들이 잤고, 저기에서 세탁을 했습니다." 저는 왜 모든 한국 입양 아동들이 서울의 이 입양 기관에서 일시적으로 살아야 했는지 물었습니다. "우리는 아이들을 인솔자와 함께 그룹으로 나누어 새로운 나라로 이동시켰습니다. 예를 들어, 네덜란드로 함께 갈 아이들이 모일 때까지 기다려야 했습니다." 선물을 교환하는 시간이 되었습니다. 저는 그녀에게 스트롭바플과 나무 튤립을 주었고, 그녀는 비슷한 튤립이 서른 송이쯤 꽂힌 꽃병에 그것을 꽂았습니다. 그녀는 저에게 두 개의 머그 컵을 주었는데, 8년 전에 받은 것과 같은 것으로 입양 기관 사진과 "아동 복지의 의미를 바꾸다(changing the meaning of child welfare)"라는 문구가 적혀 있었습니다. 저는 마음속으로 그 문장을 '그리고 그들에게 가짜 서류를 제공한다'로 마무리했습니다.

왜 그 숨겨진 비밀문서를 작성했을까요? "의도적으로 가짜 정보를 문서에 기록하는 것은 사기입니다. 법적으로 처벌받을 수도 있는 행위입니다. 그 사실을 알고 계십니까? 부모가 자녀를 내주면 돈을 받았나요?" 제가 던지는 질문에 회피적인 대답이 이어졌고 김 부장의 표정은 점점 굳어져 갔습니다. 돈에 대한 질문 이후 그녀가 한계에 봉착하자 그녀는 대화를 여기서 끝내겠다고 통보했습니다. 저는 그녀와 사진을 찍을 수 있는지 물었습니다. "아니요, 불가능합니다."

저는 건물 밖으로 나갔습니다. 얻은 것이 과연 무엇일까요? 이 여성을 포함한 이 단체의 직원들이 수십 년간 입양 서류를 조작했다는 사실을 깨달았습니다. 그들은 '유기된 아동, 부모 미상'이라고 썼는데, 사실은 그냥 부모 중 한 명이 입양 기관으로 데려온 것이었습니다. 이것을 토대로 입양 아동에게 거짓에 기초한 인생 이야기를 제공하였습니다. 입양아들은 이러한 사기로 인해 친부모를 찾는 게 거의 불가능해집니다. 또한, 이 단체가 아이를 이곳으로 데려올 때 자녀를 인도하는 데 동의한 한쪽 부모 외에 다른 한쪽 부모의 동의는 받지 않았다는 사실이 충격적입니다.

   김 부장은 어른이 되어 입양 기관을 다시 방문한 모든 입양인에게 똑같은 머그 컵을 줍니다. 수만 개의 머그 컵이 네덜란드, 미국, 덴마크, 캐나다, 프랑스, 스웨덴, 노르웨이, 스위스, 벨기에, 호주, 독일 등 세계 곳곳에 전달됐습니다. 1955년 이래 약 24만 2천 명의 아이들이 한국에서 해외로 입양됐습니다. 한 신문 기사에서는 그 숫자를 에인트호번 시의 인구에 비유했습니다. 모든 주민이 한국 아기와 어린이로 이루어진 한 도시가 있다고 상상해 보세요. 그들 중 상당수는 어느 순간 자신들의 한국 부모가 누구인지 궁금해합니다. 일부는 출생지를 방문하고 입양 기관을 찾아가서 머그 컵을 받은 후 다시 집으로 돌아갑니다. 어떤 머그 컵은 매일 아침 식탁에 놓이거나 주방에 진열되어 있겠죠. 그리고 어떤 것은 우연히 주방 바닥에 떨어져 깨질 거고요. 제가 가진 머그 컵 세 개 역시 그런 식으로 끝날 가능성을 배제할 수 없습니다.

황량한
경복궁 거리에 서다

　여러분이 서울의 경복궁에서 출발해 대로를 따라 걸으면 광화문 광장에 도착하게 됩니다. 이 광장에서는 매일 시위가 열립니다. 이곳은 주변에 조선일보 같은 큰 언론사와 다수의 텔레비전 방송국이 자리 잡고 있습니다. 미디어가 우리의 마지막 수단입니다. 저는 이전에 서울을 방문했을 때 항상 흥미롭게 이곳을 지켜봤습니다. 시위하는 사람 대부분은 큰 무리가 아니라 개인들입니다. 태극기를 들고 전단지를 나눠주거나, 큰 스피커로 시끄러운 음악을 틀기도 합니다. 그들은 더 나은 노동 조건을 부르짖기도 하고, 낙태에 찬성이나 반대를 표명하기도 하고, 미제 사건에 대한 관심을 촉구하는 경우도 있습니다. 또 실종된 가족에 관심을 호소하는 경우도 있었습니다. 이곳은 경찰에 호소하거나 소송을 하는 등 모든 방법을 시도해도 소용이 없을 때 대중의 관심을 끌어내는 것이 유일한 대안이라 생각하는 절박한 사람들이 모이는 장소입니다. 지난 몇 년간 지속된 제 가족 찾기를 떠올리노라면 이 광장은 제게 위안을 주는 곳입니다. 제게 아직도 뭔가를 시도할 수 있다는 깨달음을 주는 곳이기 때문입니다. 적어도 제가 완전히 통제할 수 있는 방법이기도 합니다. 저는 가장 네덜란드다운 음악을 배경 음악으로 틀고 네덜란드 국기를 흔들며 오렌지색 의상을 입고 자전거를 타고 다니는 상상도 했었습니다.

제가 경복궁 근처 주차장에서 오렌지색 망토를 걸치고, 오렌지색 선글라스를 쓰고, 오른손에 나무 튤립 꽃다발을 든 채 네덜란드 국기를 허리에 감았을 때 요리스가 말했습니다. "하지만 완전한 바보처럼 보이고 싶지는 않겠지." "요리스, 그러기엔 이미 너무 늦었어." 우리는 이미 이 문제에 관해 이야기를 나눈 적이 있고, "이건 내가 꼭 해야 하는 일이야. 한국에서는 사람들이 원래 이렇게 하는 거고 이건 또 다른 최선이야"라는 말로 이견을 마무리 지었습니다. 저는 그에게도 주황색 망토를 입혔습니다. 저는 그에게 격려의 말도 건넸습니다. "키가 커서 다행이야." 그는 한숨을 쉬었습니다. 제가 그를 걸어다니는 광고판으로 만들었기 때문입니다.

저는 블루투스 스피커를 챙겨 광장으로 갔고, 가는 길에 공공 자전거를 빌렸습니다. 아쉽게도 녹색 자전거만 있었습니다. 그리고 저는 광장이 공사 중임을 알게 되었습니다. 시위가 열리는 장소는 10제곱미터 정도로 축소되었고, 주변에는 울타리, 콘크리트 블록 및 모래가 있었습니다. 이것은 제가 머릿속에 그린 이미지와 너무 달랐습니다. 저는 미니 광장 위에서 상징적으로 자전거로 한 바퀴를 돌며 「Bloed, zweet en tranen(피, 땀, 눈물: 네덜란드 유명 가수 안드레 하제스의 노래)」을 스피커로 틀었습니다. 하지만 저는 곧 자전거에서 내렸습니다. 그건 아무 의미가 없었기 때문입니다. 광장 공사 현장에는 사람들이 없었지만, 방송사 직원들이 건물에 기대어 흡연하면서 핸드폰을 보고 있었습니다. 저널리스트들이었습니다. 우리는 그들에게 전단지와 나막신 모양의 마그네틱을 들고 다가갔습니다. 그들은 최종적으로 신문에 무엇이 실리는지를 결정하는 사람들입니다. 그들은 조금 흥미를 느끼며 전단지를 살펴보더니 담배를 길에 버린 다음 다시 그들의 일터로 돌아갔습니다. 그들 중 누구도 우리를 안으로 안내해 촬영하려고 하지 않았습니다.

끝없는
도돌이표

화요일.

처음 받은 전화는 아주 실망스러웠습니다. 조선일보에 올릴 광고가 거절된 것입니다. 그 이유는 우리가 친엄마의 이름을 언급했기에 우리가 작성한 텍스트가 한국의 엄격한 개인정보 보호법에 저촉된다는 것입니다. 사람의 이름을 언급하지 않으면 어떻게 그 사람을 찾을 수 있을까요? 기사나 보도에선 가능합니다. 그래서 우리는 계속해서 언론에 우리 이야기를 알릴 자리를 만들어 볼 생각입니다. 미리 전화하거나 이메일을 보내지 않고 그냥 언론사를 찾아 들어갈 생각입니다. 이것을 수원의 지역 신문사에서 시도하기로 했습니다. 그곳에는 나이든 언론인이 있었는데 우리의 이야기에 즉시 흥미를 표명했습니다. 그는 상위 미디어 플랫폼 동료에게 전화를 걸었습니다. 그 사람은 성실한 기자인 것 같았습니다. 왜냐하면 바로 다음 날 우리는 두 개의 텔레비전 방송사와 약속을 잡을 수 있었습니다.

이 기간에 제가 깨달은 것은 가족 찾기는 A에서 B로의 원활한 진행이 아니라는 것입니다. 단계적으로 전진하면서 막다른 길에 놓인다고 해도 갑자기 두 걸음 앞으로 나아가야 할 수 있습니다. 중요한 것은 긍정적이어야 하고 항상 방향을 수정해야 합니다. 어려움에 봉착하면 또 다른 방법을 찾아내야 합니다. 친엄마 찾기 팀 덕분에 너무 행복합니다. 우리는 번갈아 가며 서로에게 용기를 불어넣었고 다음 계획과 대안을 기민하게 생각했습니다.

오후에는 수원에 있는 입양 기관을 방문했습니다. 이곳은 미스터 박이 저를 데려간 곳입니다. 붉은 벽돌 건물의 입구에 올라가려면 세 단계를 거쳐야 합니다. 문 위에는 청록색 유리로 만든 돔이 있었습니다. 이제는 이곳도 더 이상 입양 기관이 아닙니다. 지금은 유치원이 자리 잡고 있습니다. 한 남성(나이는 30대쯤)이 가장 위층의 작은 방에서 우리를 맞이했습니다. 그는 여기를 방문하는 모든 입양인을 응대하는 업무를 수행하고 있었습니다. 그는 입양 업무 담당 직군에 속해 일하고 있었는데 서울 입양 기관의 김 부장도 동일한 일을 하는 사람입니다. 이 직업은 정말 어려운 직업 같았습니다. 그들은 전 세계에서 방문하는 입양인들을 맞이합니다. 공손하게 스트롭바플, 나무 튤립 및 나막신 마그네틱을 받은 후, 친부모에 대한 정보가 없다고 밝히고는 위조된 기록에 관한 질문은 재빨리 사양하는 일을 합니다.

벽은 서류 보관함으로 가득 차 있었습니다. 한국인들은 대본에 적힌 내용에 따라 공식적인 회의를 수행하는 데 매우 능숙합니다. 목례하고 만남에 대해 충분한 예의를 표시하며 감사의 말을 전합니다. "저희가 감사드립니다." "아니요, 저희가 더 감사드립니다." 그런 다음 거의 모든 질문에 대해 "아니요, 우리는 정말 모릅니다"라는 무의미한 답변을 늘어놓습니다. 친엄마에 대한 더 많은 정보를 가졌는지 질문해도 마찬가지였습니다. 마지막으로 다시 처음부터 반복합니다. "우리를 만나 주셔서 감사드립니다." "아니요, 제가 더 감사드립니다." 정말 피곤합니다. 이런 만남 때문에 엄마 찾기 도중 제 몸에서 기가 빠지는 느낌을 받았습니다. 이런 만남 때문에 우리는 한 발짝도 나아가지 못하고 있습니다. 그러나 대화 중 한 가지 새로운 정보를 알게 됐습니다. 그 남자에게 당시 어린이들이 어디에서 지냈는지를 묻자, 그는 원장님 집에서 지냈다고 말했습니다. "그 원장님은 살아 계시나요?" "네, 그분은 벌써 90살이 되셨습니다." "그분을 만날 수 있을까요?" "아니요, 그분은 치매에 걸렸어요." 고아원이 있는데 자신의 집에서 고아들을 자게 하다니. 참 이상했습니다.

"이 상황에 대해 어떻게 생각해?"라고 요리스가 저에게 물었습니다. 한편 유동익 씨는 아직도 입양 담당자와 함께 마지막까지 예의를 갖춘 대화를 하고 있었습니다. "아무 생각 없어!"라며 짜증을 냈습니다. 늦은 오후 햇살이 작은 광장에 비치고 있었습니다. 저 멀리 외부에서 방과 후 학습 기관으로 사용되는 부속 건물에서 어린이들의 노는 소리가 들렸습니다. 더 이상 새로운 정보를 얻을 수 없을 것 같았습니다. 자신의 라이프 스토리를 계속 수정하는 일에는 많은 에너지가 소모됩니다. 당신이 아뻥어담(Appingedam: 네덜란드 북부의 작은 도시)에서 평생을 살아온 것으로 알았는데 실제로는 후스(Goes: 네덜란드 남서쪽에 위치한 도시)나 쯔볼레(Zwolle: 네덜란드 중앙에 있는 도시)에 산 것으로 밝혀진다면, 당신은 그것을 받아드릴 시간이 필요할 겁니다.

"너의 아버지에게 한 번 더 가면 안 돼, 미즈? 한 번 더 정보를 달라고 압박을 해보자!"라고 요리스가 제안했습니다. 하지만 저는 그것이 아무 의미가 없다고 생각했습니다. 게다가 그가 화를 내면 더 곤경에 빠지게 될 겁니다. "그가 화를 내는 게 뭐가 어때서?"라고 요리스가 물었습니다. "너는 너무 서구적인 시각으로 보고 있어!"라며 제가 짜증스럽게 말했습니다. "한국 문화에서는 압력을 가할수록 오히려 역효과를 보는 경우가 많아." 요리스는 그 한국 문화에 대해 신경 쓰지 말라는 표정으로 저를 쳐다봤습니다. 물론 그가 옳습니다. 저는 아무것도 잃을 것이 없습니다. 매년 나와 미스터 박 사이의 관계는 의무적이고 고통스러운 식사로 점철되었으며 그때마다 저는 음식을 제대로 먹을 수 없었습니다. 그가 더 많은 정보를 알고 있음을 이미 느끼고 있었습니다. 제가 아는 공손한 접근법은 아무 성과를 내지 못했습니다.

11장

아무것도 시도하지 않으면
아무 일도 일어나지 않는다

거짓말

    8년 전에 저는 크리스마스 선물을 보내기 위해 그의 주소를 물은 적이 있었습니다. 지금은 이미 어두워진 상태에서 그 주소로 이동하고 있습니다. 저는 한 번도 미스터 박의 집에 가본 적이 없지만, 그의 집을 항상 가보고 싶었습니다. 식당에서만 누군가를 만난다면 그 사람의 참모습을 파악하기 힘듭니다. 그의 집은 어떻게 꾸며져 있을까요? 또 자기 집에서는 어떻게 행동할까요? 그의 경제적 여건은 어떨까요? 놀랍게도 주소는 집이 아니라 거의 버려진 땅으로 이어지고 있었습니다. 차에서 내리고 그 장소에 발을 들여놨을 때 저는 심장이 빠르게 뛰는 것을 느꼈습니다. 192센티미터나 되는 요리스도 긴장하고 있음을 느낄 수 있었습니다.

    모랫길. 짖는 개들. 우리는 두 개의 작은 집을 지나쳐 빛이 비치는 곳으로 갔습니다. 자갈길은 함석판으로 덮인 창고에서 멈췄습니다. 지면에 빈 캔, 유리 조각이 굴러다녔고 차고에는 트랙터의 일부와 썩고 있는 장비들이 눈에 띄었습니다. 나무로 된 작은 창살 안에 갇힌 개가 짖으며 창살을 향해 뛰어올랐습니다. 창고 옆에는 녹색의 농장 철조망이 놓여 있었는데, 그것 때문에 안팎을 잘 볼 수 없었습니다. 그곳이 그의 작업 장소인 것 같았습니다. 그 나쁜 사람은 제게 집 주소는 알려주지 않고 작업장 주소만 알려준 것입니다. 철제문은 잠겨 있었고 그는 그곳에 없었습니다. 문손잡이에는 비닐 봉지에 싸인 종이 신문이 꽂혀 있었고 미스터 박의 이름이 적혀 있었습니다. 우리는 이웃집으로 가서 문을 두드렸습니다. 60대 중반 여성이 문을 열었습니다. 그녀는 미스터 박을 알고 있었습니다. 제가 그의 딸이라고 말하자, 그녀는 저를 주의 깊게 살폈습니다. 그녀의 눈에서 뭔가를 눈치챘다는 표시가 역력히 보였습니다. 그녀는 저에 관한 이야기를 알고 있었던 것입니다. 그녀는 제 친엄마의 존재도 알고 있었습니다. 그녀는 제 친엄마가 어디에 있는지 알고 있을까요? 아니면 태어난 곳이라도. 이웃 여성은 약간 뒤로 물러나 유동익 씨에게 손짓하더니 그에게 속삭였습니다. "그분에게 직접 물어보세요. 그는 당신이 생각하는 것보다 훨씬 더 많이 알고 있으니까요. 그에게 직접 물어보세요. 그는 매일 다른 작업장으로 이동하고 항상 저녁 6시쯤 여기로 와요. 그 사람 아내도 더 많은 것을 알고 있어요." 유동익 씨는 계속 질문을 했고 결국 이웃 여성이 그에게 말했습니다. "전라남도, 그곳이 저 여자 친엄마의 출생지예요." 그곳은 면적이 12,000제곱킬로미터가 넘고, 거의 2백만 명의 주민이 살고 있습니다.

이웃 여성은 주변에 사는 친구에게 전화를 걸었습니다. 몇 분 후에 친구인 듯한 여성이 저 멀리에서부터 걸어왔습니다. 그녀는 새어머니의 가장 친한 친구였습니다. 그녀 또한 저를 머리부터 발끝까지 살펴보더니 미스터 박이 친엄마가 사는 곳을 알고 있다고 말했습니다. 오늘 오후에 입양 기관에 있었을 때만 해도 저는 아무런 느낌이 없었습니다. 그러나 저의 존재를 아는 이 두 명의 여성 앞에서 저도 모르게 눈물을 흘리고 있었습니다. 정확히 왜 눈물이 나왔는지 잘 모르겠습니다. 미스터 박이 저를 소중하게 여겨서 주변 사람들에게 이야기한 것이 저를 감동시켰는지도 모릅니다. 아니면 저의 존재에 대한 정당성을 이상한 방법을 통해 느끼게 됐고 친엄마에 한 발짝 더 가까워진 느낌 때문일지도 모르겠습니다.

그들은 미스터 박이 사는 곳을 알고 있었습니다. 정확한 위치는 말하지 않으려고 했습니다. 그들은 제가 친엄마를 찾는 것에 대해 동정했지만, 그들의 입으로는 말하지 않으려고 하는 것 같았습니다. 우리가 몇 번을 설득해도 그녀들은 500미터 떨어진 높은 아파트 건물을 가리키며 "저기 살고 있어"라고만 말했습니다. 미스터 박의 가장 친한 친구와 약속을 잡을 수 있는지 물었습니다. 그녀는 최선을 다하겠다고 답했을 뿐입니다. 우리는 그들에게 감사의 마음을 전하고 자동차로 돌아갔습니다. 그 전에 미스터 박의 창고를 마지막으로 한

번 더 보기 위해 그곳에 갔습니다. 우리는 녹색 그물을 통해 다시 한번 들여다보려고 했을 때 갑자기 텔레비전 소리가 들렸습니다. 미스터 박이 여기에 숨어서 텔레비전을 보고 있었을 것이라는 불안한 느낌이 들었습니다. 저는 아랫배에서 불편한 느낌을 받았습니다. 우리는 여러 번 그의 이름을 불렀지만, 반응이 없었습니다. 저는 높은 아파트를 한번 바라봤고, 그가 집에 있으면서 우리가 그의 이웃들과 얘기를 나눈 것을 창문에서 볼 수 있었을지 모른다는 생각을 했습니다. 저는 이곳을 떠나 호텔로 돌아가 이 나쁜 범죄 드라마에서 벗어나고 싶었습니다. 호텔로 가는 길에 수원의 미용사가 다시 우리에게 전화했습니다. "혹시 엄마는 찾았나요?"

저는 이 나라에서 크게 존경을 받는 사람에게 도움을 청하기로 결정했습니다. 거스 히딩크에게 말입니다. 저는 최근에 프리스란트의 도자기 박물관에서 열린 대규모 전시회를 계기로 마련된 에바 니넥의 토크쇼에서 그와 함께 한국 문화에 관해 이야기한 적이 있습니다. 4년 전 평창 동계 올림픽에서 만났을 때는 저녁 식사 전 히딩크의 아내 엘리자베스와 전화번호를 교환하기도 했었죠. 저는 그녀에게 메시지를 보냈습니다.

"친애하는 엘리자베스, 당신과 거스가 잘 지내기를 바랍니다. 저는 지금 한국에 있고 제 한국인 어머니를 찾기 위해 마지막 시도를 하고 있습니다. 거스가 제 어머니 찾기를 위해 호소하는 동영상을 녹화해줄 수 있다면 저에게 큰 도움이 될 것 같습니다. 그에게 이 부탁을 해줄 수 있을까요?"

저는 큰 기대를 하지 않았습니다. 그는 분명 사람들로부터 이것저것 해달라는 요청을 받고 있을 겁니다. 하지만 시도하지 않으면 아무 일도 일어나지 않습니다.

마네킹이 되어버린 네덜란드 여성

수요일. 우리는 오전 10시에 부평 구청에서 OBS라는 방송국의 뉴스 스태프와 만났습니다. 부평구는 서울의 서쪽에 위치해 있고 친엄마가 봉제 공장에서 일했을 것으로 추정되는 지역입니다. 백색 콘크리트로 된 방송국 건물과 빈 광장이 마치 북한처럼 보였습니다. 기자는 저와 함께 광장 앞 돌 벤치에 앉았습니다. 그들이 이 장소를 선택한 이유를 이해할 수 있었습니다. 광장이 유서 깊고 격조가 있었습니다. 그녀는 저에게 왜 친엄마를 찾게 됐고 그녀를 만나면 어떻게 할 것인지 물었습니다. 그들은 제 가짜 입양 서류를 촬영했고, 그런 다음 네덜란드 스타일 의상을 입기를 원했습니다. 주황색 망토, 주황색 선글라스, 네덜란드 국기를 치마처럼 동그랗게 묶은 것 말입니다. 다시 하제스의 노래가 저의 블루투스 스피커에서 흘러나왔고 저는 손에 네덜란드 나무 튤립을 들고 비트에 맞춰 몸을 흔들었습니다. 카메라맨이 제 주위를 360도 돌며 촬영하자 저는 생각했습니다. '요리스 말이 맞아.' 저는 정말 완전 바보처럼 거기에 서 있었습니다. 어떻게 이것이 친엄마에게 더 가깝게 다가가는 방법으로 작용할까요?

때로는 성공 가능성에 대해 생각하지 말고 그냥 계속 전진하며 용기를 낼 필요가 있습니다. 머리를 식히고 버티는 게 답일 수 있습니다. 다음 약속 장소로 이동하며 다른 텔레비전 팀과 다른 보도를 위해 촬영을 했습니다. 그리고 다시 다른 채널의 기자를 만났습니다. 입양 서류, 네덜란드 스타일 의상, 안드레 하제스의 음악, 카메라로 어떻게 제 친어머니를 찾고 싶어 하는지 말하는 것. 거의 루틴이 됐습니다.

약속 사이에 요리스가 차에서 졸고 있는 모습을 보며 저도 잠시 눈을 붙일 수 있기를 바랐습니다. 밤에는 친엄마를 찾는 탐정 모드를 끄기 어려워 늦게야 잠이 듭니다. 시나리오를 떠올리고 다음 단계를 준비하다 보면 끝없는 '만약에'란 가설을 멈출 수 없습니다. 아침에는 일찍 일어나 가능한 한 많은 일을 하려고 했습니다. 집으로 돌아갈 시간이 4일 후로 촉박해지면서 끝없는 불안을 느꼈습니다. 식사 중에라도 휴식의 순간을 잡으려고 노력했습니다. 오늘 저희는 부평의 아늑한 가족 식당에서 점심을 먹게 되었습니다. 팥죽과 새알심: "그것은 악령을 쫓아"라고 유동익 씨가 말했습니다. 저는 미스터 박을 악령이라고 부르고 싶지는 않았지만, 그가 한 번이라도 협조해주면 정말 좋을 것 같습니다. 그가 알고 있는 것을 저에게 말해준다면 친엄마 찾기는 하루 만에 끝날 것입니다. 우리는 계속 그와의 통화를 시도했지만, 그는 더 이상 전화를 받지 않았습니다.

요리스는 팥죽을 세 입 먹고 나서 "빌어먹을! 이건 정말 고아원 전체를 먹일 수 있을 만큼 많아"라고 말하며 그릇을 옆으로 밀었습니다. 우리는 그의 말에 담긴 이중적 의미에 웃음을 터뜨렸습니다. "있잖아, 미즈. 당신 아버지가 어느 아파트에 사는지 알고 있으니까 그걸 이용해야 하지 않겠어?" 저는 가족 식당의 플라스틱 꽃 사이에 걸린 나무 시계를 쳐다보고 있었습니다. 아직 6시가 되려면 한참이 남았습니다. 우리가 지금 그의 아파트로 가서 제대로 된 아파트 주소를 찾는다면, 그곳에서 새어머니만 마주칠 가능성이 큽니다. 그녀는 그가 없을 때 무언가 말할 용기가 생길지도 모릅니다. 어젯밤 이웃 여자가 말했듯이 그의 아내는 더 많은 것을 알고 있을 겁니다. 저도 항상 새어머니를 만날 때마다 그런 느낌을 받았으니까요. 첫 만남에서 그녀가 가장 감정적이었고 제 손을 잡고 놓아주지 않았던 것을 기억합니다. 그녀의 얼굴에는 죄책감이 흘러넘쳤습니다. 지난 몇 년간 저는 자주 생각했습니다. '그녀와 단둘이 얘기할 수 있다면 얼마나 좋을까!' 이제 저는 그 기회를 얻을 수 있을지 모르겠습니다.

미스터 박,
새어머니의 집

우리는 미스터 박의 거주지인 오산으로 차를 몰았고 어제 이웃 여자가 가리킨 높은 아파트 건물에 주차했습니다. 그곳은 한국의 도시 외곽에서 많이 볼 수 있는 회색 아파트였습니다. 이런 건물들을 구별할 수 있는 유일한 방법은 콘크리트에 적힌 숫자뿐입니다. "층수가 높을수록 잘산다는 뜻이야." 유동익 씨가 설명했습니다. 그곳은 103동 아파트였습니다. 입구에는 다행히 경비원이나 초인종 시스템이 없었고 우편함과 몇 개의 이름표만 있었습니다. 그래서 우리는 방해받지 않고 우편함에 꽂힌 편지와 전단지를 뒤질 수 있었습니다. 그리고 마침내 미스터 박과 새어머니의 우편물을 발견할 수 있었습니다. 그들은 11층에 사는 것이 분명했습니다. 엘리베이터 안에서 제가 얼마나 긴장하고 있는지 확인할 수 있었습니다. 제가 두려워하는 것은 무엇일까요? 미스터 박이 집에서 얼굴을 내밀며 화를 내는 모습일까요? 새어머니가 우리를 내쫓는 것일까요? 저는 점점 그들의 개인 생활에 깊숙이 침투하고 있었고 그들이 그것을 원치 않는다는 사실을 확인할 수 있었습니다. 만약 그가 저를 반겼다면, 몇 년 전 작업실 주소가 아닌 집 주소를 알려줬을 것입니다.

우리 일행은 양쪽에 문이 있는 얼룩덜룩한 복도에 서 있었습니다. 오른쪽 문에 달린 벨을 눌렀을 때 제 예상은 적중했습니다. 밝은 노란색 점퍼를 입고 흰색 마스크를 착용한 새어머니가 문을 열고 나와 제 얼굴을 보더니 깜짝 놀랐습니다. 그녀는 깊은 한숨을 내쉬며 한 발짝 물러섰습니다. 질문하기도 전에 고개를 절레절레 흔들기 시작했습니다. 적어도 미스터 박은 집에 없으니 계획의 일부는 성공한 셈입니다. 더 이상 정보가 없냐고 물었습니다. "그 당시 무슨 일이 있었나요?" 그녀는 시선을 피하더니 고개를 살짝 기울였습니다. "나 좀 내버려둬요, 얘기하고 싶지 않아요." 그녀는 정중한 태도로 말했습니다. 한편 요리스는 그녀가 코로나에 걸렸는지 아닌지 세 번째 물었습니다. 저는 그에게 표정을 찡그리며 지금은 안 된다고 말했습니다.

저는 그녀의 손을 잡았고 그녀의 눈을 똑바로 응시하며 진실을 말해달라고 부탁했습니다. 그녀도 딸이고, 엄마이고, 여성이기 때문입니다. 그녀는 마침내 말하기 시작했습니다. 본처인 제 친엄마 몰래 미스터 박이 바람을 피운 사실을 알았을 때 그녀는 미스터 박과 함께 살고 있었습니다. 그녀는 너무 슬펐고 너무 힘들었는데, 왜냐하면 당시 첫 아이를 임신하고 있었기 때문입니다. 다른 여자의 아이인 제가 그들의 삶에 어울리지 않는다 생각해서 그들은 저를 입양 기관으로 데려간 것이었습니다. 그녀는 정말 제 친엄마가 어디에 있는지 몰랐습니다. "아버지에게 물어봐!" 하지만 아버지는 아무 대답도 하지 않았고 더 이상 전화도 받지 않았습니다. "제발 지금 당장 나가주세요. 그렇지 않으면 이웃들이 듣게 될 거예요. 이건 정말 있을 수 없는 일이에요"라고 그녀는 말했습니다. 저는 갑자기 제가 가진 권력을 깨닫고 단호하게 말했습니다. "지금 당장 아버지에게 전화를 거세요. 더 많은 정보를 주지 않으면 여기에서 한 발짝도 움직일 수 없어요." 그녀는 화난 표정으로 저를 쳐다보고 돌아서더니 문을 세게 닫았습니다.

몇 초 후 현관문을 통해 그녀가 미스터 박에게 전화를 걸어 말다툼하는 소리, 특히 그녀가 전화기에다 고함을 지르는 소리가 벽을 통해서 들렸습니다. 그녀가 우는 소리가 들리고 문이 다시 열렸습니다. 그녀는 약간 움츠러든 것 같았고 그녀의 눈에서는 눈물이 흐르고 있었습니다. "아빠가 너에게 전화할 거야." 전화벨이 울리자 미스터 박은 다른 작업실로 오라면서 주소를 알려주었습니다.

저는 그녀를 안아주며 고맙다고 말했고 그 당시 상황이 그녀에게도 쉽지 않았을 것이라고 말해주었습니다. "진심이에요! 인생에서 당신이 막을 수 없는 일들이 일이 일어난 거예요." 배우자가 다른 여자와 바람을 피우고 임신시킨 것이었죠. 새어머니도 그 일을 겪었지만, 결코 그런 선택을 한 적이 없었습니다. 인생에서 선택은 각자의 의지입니다. 선택은 그다음 단계인 셈입니다. 어떤 행동을 취할지 선택하는 것은 의식적인 것입니다. 그녀는 완전히 의식이 있는 상태에서 미스터 박과 함께 저를 고아원에 데려갔습니다. 저는 그 행위에 대해 혐오할 것이고 절대 용서하지 않을 것입니다. 저는 그녀를 마지막으로 보는 것임을 잘 알고 있었습니다. 제 친엄마 찾기 여정에서 새어머니의 역할은 이제 끝입니다. 그것은 제가 결정한 것이었고 제 시나리오대로입니다. 어젯밤 저는 형편없는 범죄 소설의 한 인물이었고, 오늘은 남편에게 배신당한 여자 이야기를 듣고 유령처럼 갑자기 문 앞에서 상대의 손을 잡고 진실을 구걸하는 딸 역할로 한국 드라마를 찍고 있습니다. 이 드라마의 다음 장면으로 넘어가겠습니다. 미스터 박의 작업장에서 그의 대본에는 무엇이 적혀 있을까요?

끝을 말하는 포옹

그의 다른 작업장은 집에서 차로 약 15분 거리에 있었고 그것도 창고 같은 곳이었습니다. 작은 나무 울타리에 가둔 두 마리의 개가 우리를 보고 화를 내듯 짖어댔습니다. 미스터 박은 농장 쪽에서 걸어와 유동익 씨에게 손짓했습니다. 이런! 다시 시작이구나. 15분 뒤에 유동익 씨가 돌아왔고, 미스터 박은 친엄마가 어디에 있는지 정말 모른다고 다시 강조했다고 합니다. 그는 그녀가 집을 나갔을 때 너무 화가 나서 그녀를 찾으려고 여러 번 시도했다고 했습니다. 점점 그가 진실을 말한다고 믿게 되었습니다. 그리고 아이도 그녀를 찾고 싶어 합니다. 왜냐하면 엄마가 자신의 아이를 사랑하는데 다른 여자와 사는 남자에게 아이를 맡기기로 결정했다는 것은 상상할 수 없기 때문입니다. 그녀가 그들에게 자신의 아이를 내주다니요!

그러는 사이에 미스터 박이 유동익 씨 뒤에 서 있는데 그의 모습이 이전보다 더 작아 보였습니다. 그의 눈에 이전에 볼 수 없었던 표정이 담겨 있었습니다. 엄마를 찾아 헤매는 아이에 대한 연민일까요? 그는 인생이 바라던 대로 흘러가지 않았고, 아이의 엄마와 사랑에 빠질 운명이 아니었다는 것을 깨달은 것일지도 모릅니다. 그 둘 사이에서 태어난 아이를 이런 식으로 보내는 것이 그의 뜻은 아니었을 테죠. 그리고 그 아이가 이렇게 세월이 지난 후 초라한 작업장에 찾아와 이야기를 하게 되리라고 더욱 예상하지 못했겠죠. 그는 73세의 나이에도 여전히 생계를 유지하기 위해 이 땅에서 일하고 있습니다. 그 역시도 이런 결과를 바라지 않았을 것입니다. 포옹은 아마도 20초정도 지속되었을 거에요. 그것이 우리의 작별인사였습니다. 이 시나리오를 결정하는 사람은 바로 나니까요. 그리고 이 상황이 완전히 논리적이면서도 슬프게 느껴졌습니다.

다시 시작

　　우리가 떠날 때 그의 모습이 뒤 유리창에서 계속 작아지면서 저는 아직 아버지가 있다는 것에 감사했습니다. 바로 네덜란드 아버지입니다. 저를 어디든 데려다주셨죠. 리코더 레슨, 기타 레슨, 연극 레슨, 무용 아카데미 예비 과정, 멀리 있는 디스코 클럽에 데려다주셨고, 언제나 데리러 오는 길에 힘들다며 한숨을 쉬지도 않으셨습니다. 수업 후에는 끊임없이 수학과 물리학을 인내로 풀이해 주셨고 많은 문제를 풀어주기까지 했습니다. 그는 수십 번 자전거 펑크를 때워주셨고, 제가 기숙사에 살 때는 첫 번째, 두 번째, 세 번째 집으로 짐을 옮겨 주셨으며, 벽지를 벗기고 천장을 흰색 페인트로 칠해 주셨습니다. 또 제 아이들을 자식처럼 돌봐주셨고, 제 개를 자기 개처럼 산책시키곤 하셨습니다. 그는 제가 전화를 걸 때마다 기뻐하셨습니다. 그는 매일 제 라디오 프로그램을 듣고 저에게 대단하다는 찬사의 메시지를 보내셨습니다. 이것이 바로 진짜 아버지 아닐까요? 비록 그분의 DNA를 제게서 찾을 수는 없지만 그게 무슨 상관있겠어요?

어린 시절 소중했던 두 추억이 있습니다. 아버지는 거실의 큰 벨벳 안락의자 가장자리에 앉아 계셨고 저는 머리를 둘로 땋은 일곱 살짜리 아이였는데 조용히 아버지 뒤에 앉아 등을 가능한 한 세게 밀어 의자에서 떨어지게 했던 장면이 떠오릅니다. 아버지는 항상 깜짝 놀란 척하며 의자에서 떨어지셨고, 저는 웃음을 터뜨리곤 했습니다. 또 아버지가 퇴근하고 돌아오실 때면 늘 했던 의식이 있었습니다. 아버지 차가 집 앞에 도착하는 것을 보면 저는 위층으로 달려가 아버지 옷장에 숨었습니다. 아버지께서 위층으로 올라오시면 조금 과장된 목소리로 "우리 미즈 생쥐는 어디에 있을까?"라고 하셨죠. "일단 넥타이부터 벗어서 옷장에 넣어야겠다." 그러고 나서 옷장을 열면 제가 밖으로 뛰어나오는 것이었죠. 매일 같은 의식, 동일한 놀란 표정. 그것이 바로 부모가 자녀에게 주는 무조건적인 사랑이죠. 미스터 박은 이 모든 것을 놓쳤습니다. 저를 거의 돌보지 않았고 필요할 때 자리에 없었으며, 제 장난에 속아 넘어가거나 저를 웃게 한 적도 없었습니다. 네덜란드 부모님이 계시는 헨드릭 이도 암바흐트 시가 그렇게 멀게 느껴진 적이 없습니다. 마치 다른 행성처럼. 이 모든 것을 네덜란드 부모님께 어떻게 말해야 할까요? 어디서부터 시작해야 할지 모르겠습니다. 저조차도 이 이야기를 잘 이해할 수 없습니다.

저녁에 호텔 방에서 지역 뉴스 채널의 텔레비전 보도를 봤습니다. 하얀 재킷을 입고 하얀 피부와 완벽한 헤어스타일을 한 예쁜 한국인 진행자가 보도를 진행하고 있었습니다. 보도에서는 무척 까무잡잡한 한국 여성 하나가 주황색 망토를 걸치고 주황색 선글라스를 낀 채 네덜란드 국기를 치마처럼 두르고, 전단지와 나무 튤립을 지나가는 사람들에게 나눠주는 장면이 나왔습니다. 카메라는 위조된 입양 서류를 클로즈업했습니다. 흑백 화면에서는 섬유 공장의 작업 라인에서 일하는 여성들이 보였습니다. 저는 카메라를 향해 왜 친엄마를 찾고 싶은지 이야기했고 선글라스를 벗고 한국어로 그녀에게 직접 말했습니다. "엄마, 보고 싶어요. 엄마, 사랑해요!" 텔레비전 화면 속 제 눈을 바라보며 저는 친엄마가 그 말을 듣고 있을 거란 확신이 없음을 느꼈습니다.

우리는 조금 고급스러운 호텔에서 잠을 잤습니다. 저는 거품 목욕을 하려고 했지만 금방 욕조 밖으로 나와버렸습니다. 너무 불안했기 때문이에요. 우리는 새로운 계획을 세워야만 합니다. 다음 단계는 무엇인지 또 무엇을 할 수 있는지 말이죠. 그리고 그 계획을 머릿속에서 맴도는 그 질문에 맞춰야 합니다: 이것이 최선을 다하는 것일까? 이 질문 때문에 텔레비전 기자와의 약속 중간에, 대답 없는 가족들을 방문하는 사이에도, 지나가는 길에 우편함에 전단지를 재빠르게 넣었습니다. 물론 그것이 아무 소용이 없을 가능성이 크겠죠. 대부분의 전단지가 읽히지 않고 쓰레기통으로 직행할 거란 것도요. 그래도 친엄마의 이웃 동창의 조카 같은 사람 한 명만이라도 그 전단지를 읽으면, 우리는 갑자기 열 걸음 더 가까워질 수 있습니다. 이것이 이번 친엄마 찾기 여정의 예측 불가한 부분입니다. 어떤 행동이 저를 엄마에게 더 가까이 인도해줄지 알 수 없기에, 시간이 한정된 상황에서 저는 기회를 넓히고 있었습니다. 하지만 정말 피곤합니다.

12장

마지막 사흘

작별 인사

우리는 부평에 있습니다. 미스터 박이 준 마지막 단서를 조사하러 왔습니다. 쓸쓸한 동네 한복판에 큰 콘크리트 건물이 있습니다. 그 건물 안에는 섬유 공장 협회 사무실이 있습니다. 이 도시에서 친엄마가 어느 섬유 공장에서 일한 적이 있다고 했습니다. 그러나 그 공장들은 이미 1980년대에 폐쇄됐습니다. 그녀의 이름이 어딘가 기록되어 있거나 옛날 근로자 중에 그녀를 아직 기억하는 사람이 있을지도 모릅니다. 잇따른 인사, 격식, "아직 아무것도 찾지 못했지만 무언가 발견되면 알려드리겠습니다"라는 말이 반복되면서 또 다른 고위직 임원들과 그들의 비서들과의 만남이 이어졌습니다. 그들 역시 나막신 마그네틱과 나무 튤립을 받았습니다. 15분 후, 우리는 또다시 밖에 서서 이번에도 아무 성과가 없을 것이라는 강한 느낌을 받았습니다. 이후에 우리는 아침 식사를 놓쳤기 때문에 카페에 자리를 잡았습니다. 3일 후에 우리는 네덜란드로 돌아가야 하고 엄마 찾기 여정도 점점 막다른 길에 내몰리고 있음을 압니다. 우리는 솔직하게 표현하지는 않았지만, 우리 세 명 모두 이를 깨닫고 있었습니다. 우리는 텔레비전 리포트와 신문 기사가 별 효과가 없어서 실망하고 있었습니다. 우리는 지쳐갔고, 새로운 시나리오를 생각해내기 어려워졌습니다. 다음 단계가 무엇인지 혹은 다음 단계가 있는지조차 모르겠습니다. 유동익 씨는 함께 한 모든 날 같은 옷을 입고 있었습니다. "저는 「스포를로스」에서도 이렇게 하죠. 영상 편집할 때 편리해요. 그래서 매일 밤 옷을 세탁해서 걸어두면 다음 날 아침에 다시 입을 수 있어요." 요리스는 오늘 아침에 그의 아내가 코로나바이러스에 감염되었다는 소식을 들었습니다. 우리가 여기에 머무르는 게 아직 의미가 있는지 알 수 없는 상황에서, 저는 그를 집에서 멀리 떠나게 했다는 죄책감에 빠졌습니다.

"에이, 미즈!"라며 요리스가 브라우니 한 입을 문 후에 말했습니다. "어제, 네 아버지 부인 옆에 서 있었을 때 정말 힘들었어. 그녀도 분명히 괴로워했을 거야. 그리고 네 아버지도. 나도 갑자기 그들 때문에 마음이 아팠어. 그들은 나이가 많으니까." 저는 라떼를 한 모금 마시며 짜증스럽게 말했습니다. "나는 미스터 박과 새어머니에게 마지막 작별 인사를 했어." 요리스는 어깨를 으쓱이며 다시 브라우니와 핸드폰에 집중했습니다. 어제 미스터 박과 새어머니는 예고 없이 한 방문에 충격을 받은 것 같았습니다. 저는 마치 과거에서 등장한 유령처럼 그들의 삶을 엉망으로 만들었고 그들의 결혼 생활에도 영향을 끼쳤을 것입니다. 그들은 아마도 어젯밤 싸웠을 것입니다.

저는 카페에서 두 통의 편지를 쓰기 시작했습니다: 하나는 미스터 박에게, 다른 하나는 새어머니에게. 편지 모두에 비슷한 내용의 말을 적었습니다. '어렸을 때 저를 돌봐주셔서 감사합니다. 아마 쉽지는 않았을 겁니다. 언제든 엄마에 대한 정보를 얻게 되면 알려주시기 바랍니다. 그리고 제가 놀라게 해드린 것 사과드립니다.' 우리는 오산으로 이동한 후 103동 건물로 갔습니다. 저는 비타민 음료 선물 세트를 동반해 미스터 박과 새어머니의 아파트 문 앞에 놓았습니다. 편지는 상자에 반쯤 끼워둔 후 미스터 박의 작업장으로 이동했습니다. 창고에 들어갔을 때 라디오 소리가 들렸지만 그를 어디에서도 볼 수 없었습니다. 더 들어가서 창고 안 작은 사무실로 가보니 그가 책상 의자 위에 반쯤 누워 자고 있었습니다. 저는 문을 두드리면서 말했습니다. "아버지, 아버지, 저예요. 은혜예요!" 그는 깜짝 놀라 잠에서 깨어나 밖으로 나왔습니다. 그는 새어머니와 크게 다투었고 그래서 거기서 밤을 보낸 거라고 했습니다. 그는 심지어 새어머니에게 제가 한국에 있다는 말을 하지 않아 갑자기 나타난 저를 보고 큰 충격을 받은 것 같았습니다. 그것이 말다툼의 원인이 된 듯했습니다. 그의 모습에서 그가 거의 잠을 못 이루었음을 확인할 수 있었습니다.

그는 복부를 가리키며 몸이 무척 아프다고 했습니다. 저는 그에게 인삼 음료 상자와 편지를 전달했습니다. 그런 다음 우리는 차에 올라탔습니다. 요리스가 옳았습니다. 이런 방식으로 마무리한 것이 옳다는 생각이 들었습니다.

새로운 조력자

　차 안에서 우리는 다시 시나리오에 몰두했습니다. 이 엄마 찾기 여정에서 아직 시도하지 않은 것은 무엇이고 어떤 경로를 아직 거치지 않았는지와 어떤 기회를 놓쳤는지 생각해봤습니다. "수원의 경찰서에 가보자"라고 유동익 씨가 말했습니다. "왜?" 요리스와 저는 거의 동시에 물었습니다. "네 어머니를 찾는 임무는 서울의 경찰청에 일임했지만, 지역 경찰서를 방문해보는 것도 나쁜 선택은 아닌 것 같아. 서울에서는 헤어진 가족 찾기 담당 부서가 네 어머니를 찾고 있지만, 입양 기록에 분명히 '미상'으로 나와 있기에 공식적으로 그녀는 실종된 거야. 그래서 우리는 수원 경찰서의 실종 수사팀에 가서 당신 이야기를 전해보는 게 좋을 것 같아." 유동익 씨의 계획은 꽤 좋아 보였고 우리는 이에 동의했습니다.

　수원 경찰서를 들어갔을 때 그들은 관심이 식어 있었습

니다. 주차장의 경비원들은 의심스럽게 우리를 바라봤고 여권을 확인했습니다. 유동익 씨가 경찰서로 들어가 끈질기게 설득한 후 실종 수사팀 형사와 대화할 수 있었습니다. 유리벽으로 된 작은 방에서 형사에게 가짜 입양 서류를 보여준 후 진짜 서류도 보여주었습니다. 그리고 미스터 박이 저를 입양 기관으로 데려갔고, 친엄마의 위치는 알지 못한다고 했습니다. 미스터 박도 제 친엄마를 찾아봤지만 찾을 수 없었다고도 말했습니다. 저는 미스터 박의 신분증 사본을 보여줬습니다. 이 형사와의 만남은 지난 만남들(서울의 경찰서, 입양 기관, 섬유 공장 협회)과는 완전히 달랐습니다. 사실 공식적이고 희망적이지 않을 것으로 생각했지만 모든 것이 달랐습니다. 형사는 유리벽으로 된 방을 나가더니 동료를 데리고 돌아왔습니다. 동료는 즉시 나에게 DNA 검사를 했습니다. 다른 동료는 제 기록을 주의 깊게 살펴보더니 사진으로 찍었습니다. "최선을 다하겠습니다"라고 형사가 말했습니다. 그는 또한 우리의 귀국 비행기 출발 시간이 언제인지 알고 싶어 했는데, 그것은 자신의 사건에 대한 마감일을 정하려는 것으로 보였습니다. 진정으로 도움을 줄 기관이 생겼다는 것이 기뻤습니다.

    우리는 호텔로 돌아가기 전, 전에 만났던 이웃 여성을 한 번 더 만나기로 했습니다. 우리 차가 주차장에 도착하자마자 그녀가 자전거를 타고 논밭을 따라 사라지는 것을 봤습니다. 이때 딱 맞춰 떠나는 모습이 너무 우스꽝스럽게 보였습니다. 그런데 그때 유동익 씨의 전화벨이 울렸습니다. 화가 난 미스터 박의 목소리가 들렸습니다. 그가 그날 밤 새어머니 곁으로 돌아갔을 때 거실에 제 친엄마에 관해 심문할 두 명의 경찰이 도착해 있었다고 합니다. "이제 그만둬!" 그가 소리쳤습니다. "너희가 내 삶을 망쳐 놓고 있어." 아침에 선물로 평화롭게 마무리했는데 한번에 180도 바뀐 것입니다. 저는 그가 그렇게 화를 내는 것을 본 적이 없었습니다. 그는 새어머니와 어젯밤 말다툼을 한 뒤 작업장으로 갔고 거기서 밤을 보낸 후 저녁 무렵에 다시 집으로 돌아갔는데 두 명의 경찰관과 화가 난 아내를 마주친 것입니다. 저는 그가 안타깝기도 했고 놀라움도 느꼈습니다. 우리는 수원 경찰관들이 최선을 다할 거라고는 생각했지만 그렇게 열정적으로 조사를 하리라는 예상은 하지 못했습니다. '그들이 왜 저렇게 열심일까?' 우리는 거의 동시에 같은 생각을 한 것 같습니다. 그들은 제 친엄마가 실제로 실종됐다고 의심해서 이 사건에 열중하는 걸까요? 그녀에게 무슨 일이 생긴 걸까요? 그리고 더욱 걱정스럽게 미스터 박이 그녀에게 무슨 일을 했을까 궁금해졌습니다.

우리는 미스터 박의 작업장 근처 어두운 주차장으로 갔습니다. 이곳은 우리가 내부를 엿볼 때 불빛과 텔레비전 소리를 들었던, 불길한 느낌을 받은 곳입니다. 멀리서 103동 건물을 볼 수 있었습니다. 이웃 여성은 이미 집에 돌아와, 미스터 박과 새어머니가 우리에게 얘기하진 않았지만 훨씬 더 많은 것을 알고 있다고 말했습니다. 그들에게 압박을 가해야 한다고도 말했습니다. 그녀는 저를 불쌍한 표정으로 쳐다보더니 제 팔을 쓰다듬었습니다. 그녀는 어머니이자 딸이었기에, 그 연결이 끊어진 것이 어떤 의미인지 이해하고 있었습니다. "전라남도" 그녀는 다시 한번 속삭였습니다. 친엄마의 출생 지역을 찾아보라는 말이었습니다. 그 지역은 너무 컸기에 정확한 도시명이나 마을 이름이 필요했습니다. 그래야 친엄마의 이름과 출생지를 가지고 조사를 진행할 수 있을 것입니다.

    그날 밤부터 유동익 씨는 차 안에서 일종의 이동 언론 센터를 운영했습니다. 형사는 미스터 박 집에 다녀왔다고 전화로 알려줬습니다. "그녀에게 무슨 일이 생긴 것 같습니까?" 유동익 씨가 물었습니다. "그 어떠한 것도 배제할 수 없습니다"라며 그가 대답했습니다. 우리는 아마추어 수사를 계속했고 그들에게 상황을 알려주기로 약속했습니다. 저는 미스터 박의 형제이자 삼촌의 전화번호를 그 형사에게 줬습니다. 세 개의 다른 텔레비전 방송사 기자들이 그에게 전화를 걸어 수사가 어떻게 진행되고 있는지 물었고, 두 명의 신문 기자도 알고 싶어 했습니다. 기자들은 좋은 이야기를 건진 거죠. 수원의 미용사는 제 친엄마를 벌써 찾았는지 묻기 위해 전화를 걸어왔습니다. 그녀도 우리처럼 해피 엔딩을 원하고 있었습니다. 그녀는 손님들이 머리를 파마할 때 들려줄 멋진 이야기를 원했습니다. 그 해피 엔딩은 어느 때보다도 멀게 느껴졌고 우리의 귀국 날짜는 점점 다가오고 있었습니다. 이제 3일 남았습니다.

실마리

미스터 박은 그의 가족 중에서 제일 나이가 많았습니다. 그에게는 두 명의 어린 누이와 한 명의 남동생이 있었습니다. 그 남동생과 막내 여동생을 7년 전에 이곳에서 휴가 중 만났습니다. 그들은 정말로 친절한 사람들이었습니다. 작은아버지를 그 이후 한 번 더 만났고, 저는 그때 미스터 박보다 더 가족 같다는 느낌을 받았습니다. 저는 한때 페이스북을 통해 친엄마를 찾는 캠페인을 진행한 적이 있습니다. 그 일은 며칠 내 세계 곳곳으로 퍼졌고 그 결과 한국에도 알려지게 되었습니다. 삼촌은 그 캠페인을 진행한 것에 분개해 저에게 메시지를 보냈고, 미스터 박의 사진과 이름이 포함된 그 캠페인을 인터넷에서 지워야 한다고 말했습니다. "넌 아버지의 삶을 망치고 있어!" 그 사건 이후 작은아버지와 더 이상 연락하지는 않았지만, 그와 미스터 박이 매우 가까운 사이인 것은 분명해졌습니다. 따라서 그가 새로운 정보를 쉽게 알려줄 것 같지 않았습니다.

오산 근처의 호텔에서 아침을 먹고 있을 때 미스터 박의 누이들은 제 친엄마와 그녀의 출생지에 대해 알고 있을지 모른다는 생각이 들었습니다. 저는 고모들이 어디에 사는지 모르지만, 미스터 박의 출생지가 안면도라는 것은 알고 있었습니다. 오산에서 남서쪽으로 약 100킬로미터 떨어진 곳입니다. 그의 누이들이 아직 그곳에 거주하고 있을 가능성이 컸습니다. 고모들과 직접 대화하기 전에 미스터 박이 그들을 침묵시키지 않도록 그들을 직접 찾기로 했습니다. 진실을 찾기 위한 탐색은 적절한 타이밍이 중요합니다. 미리 두 단계를 생각해 진행해야 하고 한 번의 시도만 가능합니다. 이것이 우리 세 사람이 밤에 두통을 달고 자러 가는 이유입니다.

안면도는 해변 지역으로 분위기가 오산보다 더 친근했습니다. 해변가, 횟집, 좁은 도로들이 있었습니다. 미스터 박이 어렸을 때 이 작은 도로를 걸어 다녔을 것이고 교회를 다녔을지도 모릅니다. 또 그가 다닌 초등학교가 저곳인지도 모릅니다. 저는 어제 의식적으로 작별 인사를 했는데, 이제서야 그를 더 잘 알게 된 것이 정말 이상했습니다. 실제로 그에 대해 아는 것이 별로 없었기 때문입니다. 그가 어디서 태어났는지, 어디에서 살고 있는지, 어디에서 일하고 있는지, 실제 사항들은 알았지만, 그가 현재의 삶에 만족하고 있는지, 그와 새어머니의 결혼이 얼마나 평탄한지, 그가 두려워하는 것과 그의 꿈이 무엇인지는 알지 못했습니다. 우리가 시청에 들어서자 유동익 씨는 의기양양하게 말했습니다. "이것이 제가 항상 「스포를로스」를 위해 일할 때 하는 방법입니다." 그는 데스크 뒤에 앉아 있는 여성에게 모든 전화번호부를 요청했습니다. 우리는 박씨 성을 가진 사람을 전화번호부에서 찾아 전화를 걸었습니다. "가족이세요? 혹시 박명필 씨를 아시나요?" 그런 후에 우리는 어느 의류 가게로 찾아갔습니다. "아니요, 가족이 아닙니다." 또 다른 어시장으로 갔습니다. "아니요, 가족이 아닙니다." 우리가 들어간 네 번째 식당에서 신발을 슬리퍼로 갈아신을 때 마침내 일이 일어났습니다. 긴 나무 테이블과 나무 벤치에 앉아 알루미늄 용기에 담긴 밥, 참깨잎, 오징어, 김치, 풋고추, 양념 소고기를 제공하는 뷔페가 있었습니다. 빨간 모자를 쓴 여성이 우리에게 다가와 빨간 앞치마로 손을 털어 내더니 말했습니다. "네, 그분 우리 친척이에요. 들어오세요. 커피? 다슬기 드실래요?" 우리는 그녀에게 미스터 박과 제 친엄마의 이름이 적혀 있는 전단지를 보여줬습니다. 그녀는 종이를 주의 깊게 살피더니 사진과 저를 번갈아 가며 바라봤습니다. 그때 우리가 과일 판매상, 미용사, 벤치에 앉은 노인들에게 전단지를 나눠줄 때처럼 동정의 눈빛이 그녀에게도 보였습니다. 그들 모두가 아는 대한민국 역사의 한 줄로 인해 많은 슬픔과 혼란이 야기된 것을 잘 알고 있었습니다. 그들은 신문 기사와 텔레비전 프로그램을 통해 그것을 보았을 것입니다. 자신의 과거를 찾아온 한국 입양아들.

그녀는 오른손을 위아래로 흔들며 말했습니다. "앉으세요. 전화를 걸어볼게요." 실제로 30분 후 그녀는 막내 고모의 주소를 메모지에 적어주었습니다. "감사합니다!" 스트롭바플을 나눠주고 뒤로 걸어가면서 인사를 했습니다. "입구에 놓인 신발들을 밟지 않도록 조심하세요." 제 유일한 취미는 이런 행동을 하는 요리스를 몰래 지켜보는 것입니다. 거의 2미터에 가까운 키라 그런 행동이 조금 서툴게 보였습니다. 한국 식당에서 방으로 들어갈 때는 신발을 벗습니다. 화장실에 갈 때는 화장실에서 플라스틱 슬리퍼를 신어야 하고 식사 공간으로 돌아올 때는 화장실 문 옆에 두고 나와야 하죠. 요리스가 몇 번이고 화장실 슬리퍼를 신고 식당으로 돌아왔을 때 그 모습을 보고 식당 직원들이 크게 웃었습니다.

잠시 후 우리는 3층짜리 노란 아파트 단지 앞에 차를 세웠습니다. 우리는 문을 노크했습니다. 고모와 고모부가 우리를 맞이했고 작은 거실로 안내했습니다. 그들은 둘 다 플리스 티셔츠를 입고 있었는데, 고모부는 진한 파란색을, 고모는 보라색을 입고 있었습니다. 두 사람은 잠옷 바지 같은 것을 입고 있었는데 얇은 슬리퍼도 신었습니다. 슬리퍼가 청소하는 천 소재여서 저는 속으로 웃었습니다. 그 슬리퍼는 야꼽을 위해 어딘가에서 꼭 구입해야 할 것 같아요. 그는 분명 아주 좋아할 겁니다. 고모와 고모부는 저를 정확히 알고 있었습니다. 그래서인지 아무것도 대접하지 않은 채 약간 놀란 듯이 저를 바라보았고, 저는 어릴 적 흑백 사진들을 보여주었습니다. 제 고모는 사진들을 오래 응시하더니 저를 쳐다봤습니다. 그녀는 안경을 썼다 벗었다 하며, 앞을 응시하며 몽롱한 표정을 지었습니다. 고모가 이야기할 때는 침묵이 반복됐는데 그녀는 정신적으로 총명하지 않았습니다. 고모부가 좀 더 기민해 보였습니다. "여러분은 막냇동생에게 가보세요." 고모는 전화를 걸었고 우리는 다른 주소를 얻을 수 있었습니다. 고모와 고모부가 우리를 현관문까지 바래다줬습니다. "다시 찾아와. 언제든 환영이니까." 물론 제 시나리오에서 그들에게 미래를 더 이상 기약하지 않을 것 같습니다. 피붙이는 단지 혈연으로만 의미를 가질 때도 있습니다. 가족으로 의미를 지울 필요가 전혀 없을 때도 있는 것입니다.

기억의
한 조각을 되찾다

네 시간 후 밖은 어두워졌고 비가 내리고 있었습니다. 오산에 계신 막내 고모 집에 도착했을 때, 그들의 행동은 아주 대조적이었습니다. 고모는 딸과 함께 우산을 들고 밖에서 우리를 기다리고 계셨고, 다시 만나게 된 기쁨의 비명과 함께 포옹이 이어졌습니다. 우리는 서둘러 안으로 들어갔습니다. 주방에는 파란색 운동복을 입은 고모부가 앉아 계셨고, 사촌들은 잠자러 가기 전 저에게 공손히 인사를 했습니다. 고모는 저를 꼭 안고 주방으로 달려가더니 거실 탁자를 음식으로 가득 채웠습니다. 두부국, 김, 검은콩 요리, 옥수수차. 우리는 오는 길에 휴게소에서 이미 비빔밥을 먹었지만, 우리 셋 중 그 누구도 그것을 말할 용기가 없었습니다. "먹어! 먹어! 음식!" 그들은 사진을 보고 싶어 했고 모든 이야기를 듣고 싶어 했습니다. 저는 이메일 주소를 적어주었고 우리는 인스타그램과 페이스북에서 서로를 팔로우하며 전화번호도 교환했습니다. 한국에서는 먼저 음식을 먹은 후에야 진짜 이야기를 합니다. 그래서 인내심이 요구됩니다. 마침내 테이블에 커피가 올라왔고 고모는 얘기하기 시작했습니다. "네가 어렸을 때 내가 너를 많이 보살폈단다. 넌 정말 사랑스러운 아이였지. 특히 장화를 신고 바깥 물웅덩이에서 첨벙첨벙 뛸 때면 정말 신나 보였단다."

제 인생은 오랫동안 세 살 때부터 시작됐었습니다. 그 순간부터 네덜란드 부모님이 제가 어땠는지, 무엇을 했는지 또 당시 제 모습이 어땠는지 사진으로 보여줄 수 있었기 때문입니다. 제가 네덜란드로 이주하기 전에 가지고 있던 유일한 것은 한 장의 흑백 사진뿐이었습니다. 그 사진에는 고아원의 벽 앞에 서서 슬프게 카메라를 응시하는 모습이 실려 있었습니다. 하지만 그 사진은 맥락이 없었습니다. 그날 무슨 일이 있었는지, 어떤 장난감을 가지고 놀았는지, 제가 가장 좋아한 음식이 무엇인지, 왜 그렇게 이상한 판초 우의를 입고 있었는지 아무도 말해주지 않았습니다. 새어머니는 제가 다루기 힘든 아이였고, 많이 울었으며, 그녀의 손을 놓지 않으려 했다고 여러 번 말했습니다. 그건 재미있는 일화가 아니었는데 고모의 이야기는 달랐습니다. 오늘 밤 고모는 제게 선물 같은 기억을 선사했습니다. 저는 그것을 눈앞에 그릴 수도 있습니다. 빗물 웅덩이에서 첨벙거리던 작은 소녀. 그 소녀를 이제 알아볼 수 있습니다. 왜냐하면 아직도 그 장면은 저를 기쁘게 하는 일이기 때문입니다.

"네 엄마는 정말 특별한 분이셨단다. 너무 다정하고 따뜻한 분이셨지." 이때 유동익 씨가 고모에게 제 엄마의 이름이 뭐였는지 물었습니다. 잠시 저는 그의 행동에 혼란을 느꼈지만, 곧 이해할 수 있었습니다. '정말 영리해!' 그는 미스터 박이 친엄마에 관해 제대로 말했는지 아니면 거짓말을 했는지 확인하고 싶었던 것입니다. 고모는 곰곰이 생각해 봤지만, 기억하지 못했습니다. 요리스는 놀란 표정을 지었습니다. 네덜란드 사람들은 이해할 수 없는 일이지만 한국 여자들은 자신보다 나이가 많은 남자를 오빠라고 부르고 나이 많은 여자는 언니라고 부르니까요. 그래서 그녀는 제 엄마를 이름이 아닌 언니로 불렀습니다. "난 네 아버지 부부가 너를 고아원으로 데려갈 줄 몰랐단다. 네가 보고 싶어서 그들에게 네가 어디 있는지 물었어. 그들이 너를 고아원에 데려다 줬다는 말을 했을 때, 난 너무 화가 났고 슬펐어." 그녀는 그 슬픈 기억에 눈물을 흘렸습니다. 저는 바닥에서 일어나 그녀 옆에 앉아 그녀를 꼭 껴안았습니다. 다른 사람을 위로할 수 있다는 것이 좋았고 우리가 서로를 발견할 수 있었다는 것에 기뻤습니다. "네가 4년 전 여기 동계 올림픽 때문에 왔을 때, 난 네 아버지에게 네 엄마를 찾도록 도와달라고 간청했는데 내게 무척 화를 내시더구나."

한 번은 절망으로,
다른 한 번은 희망으로

그때 유동익 씨 전화벨이 울렸습니다. 경찰이었습니다. 그는 거실에서 밖으로 걸어 나갔고 형사에게 부드럽게 얘기하는 소리가 들렸습니다. 그는 돌아오더니 재빨리 네덜란드어로 요리스와 저에게 오늘 밤 경찰이 미스터 박 집을 다시 방문했다고 전했습니다. 미스터 박이 그들에게 친엄마의 이름이 이명숙 씨가 맞는지 확인해줄 수 없다고 했다는 것입니다. 경찰은 미스터 박이 이름을 고의로 다른 이름으로 바꾸었다고 생각하는 것 같았습니다. 그렇게 되면 우리는 아무것도 알지 못하는 꼴이 됩니다. 그 이름만이 우리가 확실히 아는 유일한 정보였기 때문입니다. 아니면 그가 우리가 진실에 가까이 다가가는 것에 혼란을 일으키려는 것일지도 모릅니다. 이러한 시나리오들은 우리가 차 안에 들어갔을 때 토론할 중요한 주제가 되었습니다.

고모부는 지금까지는 거리를 두고 조용히 계셨지만, 소파로 와서 앉으신 후 자신의 아내에게 제스처를 취하셨습니다. 그들은 짧은 눈짓을 교환했습니다. "우리는 가끔 생각해 봤단다. 우리가 네 엄마를 더 이상 볼 수 없게 된 이유에 대해서 말이야. 그녀에 대한 소식을 듣지 못한 이유는 뭘까?" 그녀는 한숨을 내쉬며 말했습니다. "우리는 가끔 그가 그녀에게 무슨 짓을 저질렀는지 모른다는 생각도 했단다." 작업장을 방문한 이후부터 이미 우리 세 명은 같은 생각을 했었습니다. 그래서 경찰이 이 사건에 열정적으로 개입한 것일 테죠. 제 고모도 그렇게 추측하셨습니다. 그 말을 듣고 저는 정말 전율을 느꼈습니다. 고모가, 그것도 미스터 박의 여동생인 입장에서 이를 분명히 말했을 때, 제 머리에는 정말 많은 생각이 떠돌았습니다. '미스터 박은 왜 정보를 숨기려 할까? 어떤 이유로 엄마를 찾지 못하게 하려는 걸까? 그가 숨기고 있는 것은 뭘까?' 저는 요리스와 유동익 씨를 바라보았고 그들도 같은 생각을 공유하고 있음을 알 수 있었습니다.

"고모, 엄마가 어디서 태어나셨는지 혹시 아세요?" 그녀는 고개를 끄덕이며 대답합니다. "곡성이야. 그리고 내가 알기로는 엄마에게 여동생이 있었던 것 같아." 전혀 예상치 못한 정보였습니다. 그동안 찾고 있던 열쇠인 엄마의 고향은 곡성이었습니다. 이제야 찾았습니다. 이곳, 비 오는 늦은 밤 오산의 이 작은 거실에서 찾았습니다.

그러는 사이 시간이 늦어졌기에 우리는 피곤한 몸을 이

끌고 호텔로 향했습니다. 마지막 포옹이 이어졌습니다. 고모는 "연락해라, 연락해라!"란 말을 건넸습니다. 우리가 바닥에 앉았던 몇 시간 동안 제 기분은 기쁨에서 실망과 두려움으로 번갈아 가며 변했고 이제는 다시 기쁨이 찾아왔습니다. '더 이상은 못 견디겠어. 모르겠다. 그냥 집에 가고 싶다. 아이들과 함께하고 싶다.' 이 모든 일이 없었던 것처럼 담요를 뒤집어쓰고 싶었습니다. 우리는 수원의 호텔로 가는 도중에 모든 가능성에 대해 논의했습니다. 이건 정말 합리적인 추론이었습니다. 미스터 박은 지금까지 진실을 왜곡하려고 전력을 다했을 것이고 분명히 숨기는 게 있을 것입니다. 우리는 친엄마의 이름을 확신한 채 시작했지만 이제 그녀의 출생지를 안 상황에서 그녀의 이름을 확신하지 못하는 상황에 이르렀습니다. 그 순간 제 전화가 울렸습니다. "미샤! 거스 히딩크야! 미안해, 네 메시지를 이제야 봤어. 내가 도울 수 있는 게 있을까? 내 폰으로 영상을 찍어서 보내줄까? 내가 말해야 할 내용을 앱으로 보내주면 내가 곧바로 찍어서 보내줄게!"

저는 그에게 작성한 초고를 와츠앱으로 보내주었고, 그 내용은 친엄마를 찾고 있으며 그녀는 1970년대에 미스터 박과 관계를 맺은 사이였다는 것을 간단히 설명하는 내용이었습니다. 저는 마침내 그 동영상을 받았고 그것은 제가 원했던 것보다 100배는 더 나았습니다. 첫 번째 화면부터 벌써 강력했습니다. 거스 히딩크는 2002년 불멸의 월드컵에서 한국 선수들이 입은 빨간색 축구 유니폼을 들고 있었습니다. 그 이

후 한국에서는 그의 지위는 신처럼 높아졌습니다. 신은 믿지 않을 수 있지만, 한국에서는 모두 '히딩크'란 이름을 연호합니다. 그의 동상, 그의 이름이 붙은 축구 경기장, 그의 얼굴이 인쇄된 커피잔. 그는 한국인에게 절대적 불멸의 존재였습니다. 그 영상에서 그는 이렇게 말했습니다. "친애하는 한국인 여러분, 아직도 저를 기억하시나요? 2002년에 제가 어떻게 여러분에게 도움을 드렸는지 기억하시나요? 이제 저는 제 친구 박은혜를 돕기 위해 여러분의 도움을 청해보려고 합니다. 그녀는 한국인 어머니를 찾고 있습니다. 그 어머니는 1970년대에 박명필 씨와 관계를 맺은 상태였습니다. 정보가 있으신 분은 연락 부탁드립니다! 감사합니다!" 한국인들이 감동받을 수 있을 만큼 훌륭했으며 그가 저를 위해 이렇게까지 도와주는 것이 감격스러웠습니다.

우리는 호텔의 빈 식당에 가서 앉았습니다. 이미 새벽 2시 반이 되었지만, 요리스는 비디오를 편집하고 자막을 달고 내 연락처 정보가 포함된 프레임을 추가하고 있었습니다. 우리는 다양한 신문과 뉴스 사이트에 영상을 보냈습니다. 그의 안경은 코 위에 걸려 있었고 눈 아래에는 다크서클이 커지고 있었습니다. 유동익 씨는 이미 영상을 세상에 퍼뜨릴 때를 대비해 한국어로 기사를 작성하고 있었습니다. 그는 호텔 방에서 옷을 손세탁하고 욕실에 걸어둘 것이므로 내일 아침에는 그 옷이 축축하다는 것을 깨닫게 될 겁니다. 낮이 너무 길고 밤은 너무 짧았습니다. 친엄마 찾기 프로젝트가 시간을 소모

하면서 우리의 귀국 날짜는 점점 가까워졌습니다. "자, 이제 잠을 자러 가죠. 내일 아침에 다시 계속하면 될 거예요." 서로에게 말했습니다. 호텔 방에서 저는 머리를 진정시킬 수 없었습니다. 노트북을 들어서 "곡성"이라고 구글에 입력했습니다. 약 67,000명의 주민이 살고 있었고 787.87제곱 킬로미터의 면적을 가진 곳이었습니다. 인구수에서 제이스트(Zeist: 위트레흐트주에 있는 도시)와 비슷했지만 면적은 16배나 컸습니다. 제이스트에서도 실종된 사람을 찾을 수 있을 것이라 믿지만, 이름이 없는 상황에서 어떻게 시작해야 할까요? 그리고 찾고자 하는 사람이 아직 살아 있는지도 확신할 수 없는 상황에서 어떻게 시작할 수 있을까요?

곡성의
이명숙 씨

•
•
•

　다음 날 아침, 담당 형사와 통화를 마친 유동익 씨는 바쁘게 움직이고 있었습니다. "곡성이 어머님 생가라고 전해드렸어요. 그리고 경찰이 당신이 알려준 미스터 박의 동생 전화번호로 전화를 걸었는데, 받은 사람이 자신은 미스터 박의 동생이 아니라고 했다고 합니다." 분명히 미스터 박에게 경고를 받은 작은아버지가 벌일 법한 일처럼 들렸습니다. 문득 두 형제 사이의 좋은 관계를 이용할 수 있겠다는 생각이 들었습니다. 거스 히딩크의 영상을 작은아버지에게 보내기 위해 영상 메시지도 만들었습니다. "이 영상은 거스 히딩크가 우리를 위해 만든 것입니다. 작은아버지 형님의 이름이 언급됐는데, 작은아버지는 영상이 퍼지면 이것 때문에 형님에게 문제가 생길 수 있다고 생각하겠네요. 만약 엄마의 진짜 이름을 안다면 알려주세요. 그러면 이 영상을 더 이상 세상에 내보낼 필요가 없어질 테니까요." 요리스와 유동익 씨에게 귀띔했습니다. 상을 받을 만한 영상은 아니지만 무언가 성취할 수 있을 것 같았습니다. 요리스가 "좋아, 그렇게 하자"라고 말했습니다. 유동익 씨도 "효과가 있을 것 같다"라며 동의를 했습니다. 그래서 해당 영상은 메시지로 작은아버지에게 보내졌습니다.

그리고 하나 더 중요한 사항이 있었습니다. 우리의 귀국 비행기입니다. 우리는 내일 저녁 열한 시 반에 네덜란드로 가는 비행기를 타야 했습니다. 그런데 저는 떠날 수 없었습니다. 우리는 이제 친엄마가 어디에서 태어났는지 알았고, 그녀의 이름을 발견할 수 있다고 믿기 때문입니다. 경찰도 여전히 조사 중이었습니다. 이것으로 마무리하면 기분이 너무 상할 것 같았습니다. "내 생각인데, 요리스. 네가 내일 저녁 네덜란드로 돌아간다고 해도 나는 완전히 이해해. 너도 오랫동안 집에서 떠나 있었고 아내가 코로나에 걸렸으니 함께 있어 주는 게 좋겠지. 너도 지쳤고 나도 매우 피곤해." 요리스는 입을 다물라는 제스처를 하며 한숨을 쉬었습니다. 구운 달걀을 세 개째 한입에 먹고 일어서더니 아마도 아내에게 전화를 걸러 가는 것 같았습니다. 유동익 씨는 방송 특파원 일 외에도 네덜란드어를 가르치는 강사로 일하고 있었습니다. 그에게 며칠 더 함께 할 수 있냐고 물어보았고 다행히도 가능했습니다. 이 친엄마 찾기 여정은 세 사람이 함께해야 효과가 있다는 사실은 분명했습니다.

"미즈, 나 여기 남을 게." 전 기쁨의 눈물을 흘릴 수밖에 없었습니다. 저는 요리스에게 크게 포옹해줬고, 그가 저를 위해 이 모든 것을 감당해주는 것에 놀랍다고 말했습니다. 저는 네덜란드 항공에 연락해서 우리의 티켓을 화요일 저녁으로 변경하도록 했습니다. 지금은 토요일 아침이니까, 여정을 성공적으로 마치기까지 아직 나흘이 남았습니다. 그래서 우리는 차에 올라타 곡성으로 향했습니다. 약 다섯 시간의 여행이었습니다. 그동안 우리는 작은아버지로부터 친엄마의 정확한 이름이 담긴 문자를 받길 바랐습니다. "나는 계획이 딱 들어맞을 때가 정말 좋아"라고 「A-특공대」의 한니발이 항상 말하듯이. 우리는 여행 중간에 수사관의 전화를 받게 됐습니다. 미스터 박이 경찰에게 친엄마의 이름이 맞다고 알린 것입니다. 우리는 게임의 단계를 높였고 그것은 잘 작동했습니다. 우리는 이 엄마 찾기 여정에서 한 발짝 앞으로 나아갔습니다. "곡성의 이명숙 씨, 우리가 갑니다!"

13장

곡성

좌절이
앞을 가리다

·
·
·

    오후 늦게 우리는 곡성에 도착했습니다. 이 도시는 산으로 둘러싸여 있었고 지금까지 갔던 그 어떤 도시보다 훨씬 더 따뜻한 느낌을 주었습니다. 거리에서 우리는 복사집에 들어가 그 지역의 전화번호부가 있는지 물었고, 이씨 성을 가진 가족이 사는 집성촌이 어디인지 알려달라고 요청했습니다. 이러한 일은 대한민국에서는 일반적인 상황입니다. 가족들은 여러 세대를 한 동네에 머물러 사는 경우가 많습니다. 그래서 이씨 성이 모여 사는 집성촌을 찾았습니다. 집성촌 표시가 동네 입구 두 돌기둥 위에 새겨져 있었습니다. 그곳은 아주 조용하고 시골 같았는데, 작은 집들과 여러 종류의 작물이 재배되는 밭이 있었습니다. 언덕 위에는 작은 교회와 학교 건물이 보였습니다. "안녕하세요! 안녕하세요!" 문에서 남자가 나타났는데 그는 목사였습니다. 그의 나이는 약 40세쯤으로 보였습니다. 그는 친절하고 개방적인 얼굴을 가지고 있었는데, 전단지를 받아 들더니 우리를 안으로 안내한 뒤 두유를 한 팩씩 주었습니다. 요리스가 받은 두유는 재킷 주머니 속으로 사라졌는데, 그 제품에 대해 그가 오늘 아침 "맛없어"란 평가를 했기 때문입니다. 목사는 이명숙이란 이름을 알지는 못했지만 도움을 받을 수 있는 연락처를 가지고 있었습니다. 우리가 탁자에 앉아 있는 동안 그가 전화기에서 연락처를 찾았습니다. "지방 선거가 임박했습니다. 시장 후보 중 한 명이 제가 아는 사람입니다. 그분이 내일 오후에 당신들을 만나고 싶어 하십니다."

우리가 교회를 빠져나오는 순간 이미 땅거미가 내리고 있었고, 방금 정한 약속을 제외하고는 성공적인 하루라고 느껴지지 않았습니다. 우리는 다시 큰 도로로 돌아가 차를 주차한 후 약국들을 돌며 전단지를 돌렸습니다. "안녕하세요? 우리는 네덜란드에서 왔습니다. 한국인 어머니를 찾고 있습니다. 튤립 모양의 연필 한 자루를 드릴게요. 아, 선생님의 조카가 암스테르담을 방문한 적이 있다고요? 정말 우연한 일이네요! 혹시 선생님의 컴퓨터에서 곡성에서 1952년경에 태어난 이명숙 씨가 사시는지 확인해주실 수 있을까요?" 그 약사는 실제로 컴퓨터로 이명숙 씨를 찾아냈지만, 출생연도가 너무 다르다고 말했습니다. 그러는 사이에 비가 보슬보슬 내리기 시작했고 거리는 점점 텅 비어 갔습니다. 사람들은 집에 빨리 들어가 저녁을 먹거나, 게임을 하거나, 드라마를 보는 것 같았습니다. 자동차 창문을 통해 조금 떨어진 곳에 여섯 채의 고층 아파트가 있는 것을 확인했고 입구에 줄지어 있는 우편함들을 보았습니다. 요리스와 저는 삶에서 다른 일은 해 본 적이 없고 이 일만 한 것처럼 재빠르게 그곳에 전단지를 넣었습니다. '헛된 가능성일지 모르지만, 혹시 그럴 수도 있지'라는 말이 제 머릿속에서 반복되고 있었습니다.

늦은 밤, 가까운 순천의 한 호텔로 향하는 유동익 씨의 차 안에는 침묵이 흘렀습니다. 우리는 서로 아무 말도 하지 않았지만, 모두가 실망했음을 알 수 있었습니다. 아침에 이름과 출생지를 알게 되었으니 하루 안에 해결할 수 있을 거라고 생각했습니다. 그렇지만 하루가 지나도 찾지 못했으니 더 이상 살아 계시지 않을지 모른다는 불안한 마음이 커져갔습니다. 미스터 박은 왜 경찰에게 거짓말을 하면서까지 그녀를 찾지 못하도록 했을까요?

우리는 일반 식당에서 함께 식사하면서 하루를 마무리했는데, 순천에 위치한 벤틀리 호텔에 도착하자 요리스가 "기분이 별로 좋지 않아서 그냥 갈게. 그리고 그냥 아무것도 안 먹고 잘래"라고 말했습니다. 실제로 그는 얼굴이 하얗게 질려 있었고 향수병에 걸린 것 같았습니다. 이해합니다. 저는 온 힘을 다해 친엄마를 찾고 싶지만 요리스는 아내와 아이들, 어머니, 자신의 침대가 그리운 겁니다. 유동익 씨도 빠르게 호텔 방으로 사라졌습니다. 저는 두 남자에게 죄책감을 느꼈습니다. 그들을 일상에서 벗어나게 했고 몇 시간씩 차를 타고 다니면서 가능성 없는 시도를 하며 다녔습니다.

토요일 밤 10시인데 아직 아무것도 먹지 않아서 혼자 시내로 나갔습니다. 엔터테인먼트 텐트에서 케이팝 음악이 거리로 흘러나오고 있었고, 짧은 치마를 입은 젊은 여성들이 술에 취해 비틀거리는 모습이 보였습니다. 그녀들은 이 술집 저 술집을 돌아다니며 킥킥거리는 중이었습니다. 한국 남성들은 담배를 피우며 야유를 보내더니 그녀들을 쫓아다니고 있었습니다. 여자아이들은 "오빠"를 외치며 징징거리고 있었고 몸을 제어할 수 없어 몸동작으로 대응했지만, 남자아이들에게는 거의 효과가 없었습니다.

저는 편의점의 네온사인 등을 향해 걸어갔습니다. 라면, 캐슈너트 봉지와 몇 개의 바나나를 구매한 후 다시 호텔로 돌아가는 길에 외로움을 느꼈습니다. 네덜란드는 너무나 멀게 느껴졌고 그곳 일상생활이 다른 행성의 삶처럼 느껴졌습니다. 이 여행 이후에는 어떻게 해야 할지 처음으로 생각하게 되었습니다. 집으로 돌아가서 모든 사람에게 실패했다고 말해야 할 것 같습니다. 하지만 저는 모든 것을 시도해봤고 그게 저에게 안정감을 주었다고 생각합니다. 모든 노력을 했으니까요. 호텔 방에서 네덜란드로 전화를 걸기로 했습니다. 저는 네덜란드 부모님을 걱정시키고 싶지 않았지만, 이곳에서 무슨 일이 벌어지고 있고 제 머릿속에 어떤 생각이 드는지는 알려드리고 싶었습니다.

"그럴 순 없어!"라고 네덜란드 엄마가 놀라며 반응하셨습니다. "제발 그렇게 되지 않기를 바라요, 엄마. 하지만 저는 지금 모든 가능성을 염두에 두고 있고 정말 걱정돼요." 엄마의 공감은 저에게 감동을 주었습니다. 이 모든 여정 동안 그녀는 항상 저를 지원해주고 계셨습니다. "당신의 네덜란드 엄마에 대해 어떻게 생각하세요?"라는 질문을 저는 자주 듣습니다. "그분은 제가 하는 일을 지지하시고 제가 실망하지 않도록 노력하시며 동시에 그분은 이 일이 불가능하다는 사실도 알고 계세요. 그분은 자신의 모정이 무시당하거나 침해당하는 것을 원치 않으셨습니다. 최소한 그분은 그것을 드러내지 않으셨습니다." 한국에서의 날이 지나갈수록 집에 있는 이들에게 전하는 이야기가 점점 일관성도 없고 거칠어지는 것을 느꼈습니다. 왜냐하면 그사이에 일어난 일이 너무 많았기 때문입니다.

"이명숙 씨가 오고 있습니다"

.
.
.

    일요일 아침이라 교회에 가야 합니다. 한국에는 교회가 너무 많습니다. 어젯밤에 이미 봤지만 모든 십자가는 교회 꼭대기에서 네온등으로 표시됩니다. 세련되지 않았지만 실용적이라고 생각했습니다. 첫 번째 방문한 교회에서 예배가 시작되기 전 신도들이 급히 교회 안으로 들어가는 것을 봤습니다. 그들은 우리의 전단지를 받을 시간이 없었지만, 교회에서 봉사하는 한 남자가 공손하게 이를 교회 게시판에 올려주겠다고 약속했습니다. 두 번째 교회는 언덕 위에 있는 성당이었습니다. 그 옆 공원에는 의자에 앉아 얘기하는 세 명의 할머니가 있었습니다. 저는 그들 사이에 앉아 전단지를 나누어 주었습니다. 그 누구도 친엄마를 알지 못했습니다. 요리스와 제가 과장된 표정으로 사진을 찍으려 하자 그들은 박장대소했습니다. 그 사진에는 벤치에 앉은 네 명의 여성이 있었습니다.

세 분은 모두 일반 아웃도어 의류를 입었고 장갑과 큰 선글라스를 쓰고 계셨습니다. 그 사이에 핑크색 재킷과 운동화, 자유롭게 긴 머리를 늘어뜨린 한 명의 여성이 있었는데, 그 여성은 우스꽝스럽게 커 보였습니다. 이것이 아마 몇십 년간 우유와 땅콩버터 샌드위치를 먹은 결과인 것 같습니다. 뒤에는 곡성의 흰색과 회색 고층 건물과 산들이 보였습니다. 요리스는 벤치 옆에 서서 오른손에 카메라를 들고 여유롭게 웃으며 마치 휴가 중인 듯한 모습이었습니다. 오늘 그의 기분이 나아진 것을 보니 저도 기쁩니다. 그는 기분 좋게 성당에 들어갔지만 엄격한 수녀에 의해 즉시 밖으로 나가라는 요청을 받았습니다.

저는 전단지를 가지고 성당에 딸린 사무실로 들어갔습니다. "여기 네덜란드에서 가져온 나막신 모양의 마그네틱인데요, 받으세요. 혹시 여기 성당 신도 중에 이름이 이명숙이라는 분이 계시는지 신자 기록을 확인해 줄 수 있나요?" 그녀는 확인해보더니 몇 초 후에 녹색의 포스트잇을 꺼내 그 위에 담양이라는 지역 이름과 그 마을 근처의 성당 주소 및 전화번호를 적어주었습니다. 거의 비슷한 연령대인 이명숙 씨도 수원에 살았다고 했습니다. 몇 초간의 검색 후에 세계 전체가 다르게 보였습니다. 15분 후에 친엄마를 만날 수 있을까요? 이름이 맞고 출생지와 나이가 맞다면 그럴 가능성이 크지 않을까요? 크게 숨을 들이마시고 내쉬고 있습니다. 아직은 기뻐할 때가 아닙니다. 우선은 기다리고 마음을 차분히 유지해야 합니다. "담양의 독특한 특산품은 죽공예입니다. 길가에 대나무로 만든 그릇이나 기념품들이 곳곳에 판매되고 있습니다. 담양 성당은 공설 운동장 바로 옆에 있습니다. 지금은 오후 한 시라 미사가 이미 끝났을 겁니다." 우리가 그 성당에 도착했을 때 미닫이문 뒤에 작은 사무실이 있었고 거기엔 컴퓨터 앞에 혼자 일하는 여직원이 있었습니다. 고개를 끄덕이며 인사를 했습니다. 우리가 갈 거라고 곡성 성당에서 미리 알려준 것입니다. 사실 이명숙 씨는 담양 성당의 신자였습니다. "그분의 주소를 아시나요? 저희가 방문해볼 수 있을까요?"라고 물었습니다. "아니요, 그건 안 됩니다. 물론 전화를 걸어서 그녀에게 오라고 요청할 수는 있습니다." 간단한 전화 후, 그녀가 이곳으로 온다는 말을 들었습니다. '이명숙 씨가 오고 있습니다.' 머릿속에서 그 문장을 반복했습니다. '이명숙 씨가 오고 있습니다.'

사무실에는 거리의 모든 사람을 볼 수 있는 대형 보안 모니터가 있었습니다. 몸 전체에서 소름이 돋았습니다. 잠시 후 그녀가 잔디밭을 걸어오는 것을 보게 됐고 그분이 사랑하는 그녀, 나의 친엄마이기를 바랐습니다. 흥분을 가라앉히려고 한 지 15분이 지났습니다. 모니터를 통해 그녀가 정원사를 지나가는 모습, 길을 잃은 얼룩 고양이, 혼자 공을 골대에 차 넣는 아이를 연이어 보면서 심장 박동수가 900회는 넘게 올라간 것 같았습니다.

"저기 오신다!" 요리스가 흥분해서 소리쳤을 때 컴퓨터 앞에 앉은 여자는 깜짝 놀란 모습을 취했습니다. 모니터를 보니 작은 여성이 빨리 교회 건물 안으로 들어오는 것이었습니다. 어깨까지 내려온 흰머리, 짙은 갈색 바지와 일치하는 갈색 줄무늬 스웨터. 그녀는 안경 뒤로 즐거움 반, 놀라움 반의 모습을 하고 저를 쳐다봤습니다. "제가 이명숙입니다." 어떻게 이렇게 사람 몸이 반응하는지 정말 이상합니다. 제 눈은 빠르게 그녀의 얼굴을 스캔했고 어디가 닮았는지 확인했습니다. 눈? 네, 그럴 수도 있어요. 코? 그녀의 코는 약간 더 넓었습니다. 입? 네, 동일한 모양입니다. 피부색? 아니요, 제 피부는 적어도 세 단계 색조 정도 더 어둡습니다. 키? 제가 훨씬 큽니다. 그러나 그것은 물론 서구식 음식 때문이겠죠. 우리는 그녀에게 질문을 던졌습니다. "전에 박명필 씨와 사귄 적이 있습니까? 그와의 사이에서 딸이 있으신가요?" 그녀는 첫 번째 질문부터 막혔습니다. 그녀는 박명필 씨와 아무 관계가 없었고 오직 아들만 있다고 답했습니다. "하지만 저는 항상 딸을 가지고 싶어 했어요. 제가 당신 어머니가 될 수도 있어요"라며 그녀가 웃으며 말했습니다. 그녀는 이미 수원의 경찰로부터 연락을 받은 적도 있다고 말했습니다. 정말로 사랑스럽고 재미있는 여성인 것 같았습니다. 저는 즉시 그녀가 멋진 엄마가 될 것이라 믿었지만, 안타깝게도 그녀는 친엄마가 아닙니다. 우리는 그녀와 작별 인사를 나누고 다음에 담양에 올 때 전화하겠다고 약속을 했습니다. "그럼 당신을 내 집에 초대해서 내 딸처럼 음식을 해줄게요." 그녀에게도 나막신 마그네틱을 선물로 주었습니다. 그녀는 이제부터 냉장고에 붙은 델프트블루 마그네틱을 볼 때마다 어느 일요일 낯선 네덜란드 여성이 찾아온 것을 기억할 겁니다. 그리고 희망에 대해 논한다면 한 시간 동안 천장으로 날아가더니 이제는 100개의 조각으로 깨져 다시 바닥으로 떨어진 상태였습니다. 우리는 그 어떠한 진전도 이뤄내지 못했습니다. 그리고 제 네덜란드 기념품도 거의 다 사라지고 없었습니다.

한계에
다다르다

우리는 순천에 도착한 후 어제 묵은 호텔에 체크인했습니다. 유동익 씨는 즉시 자기 방으로 들어갔습니다. 요리스와 저는 약간의 긴장을 풀 필요가 있어서 시내로 향했습니다. 일요일에도 축제와 같은 술 마시는 분위기로 거리는 아주 활기찼습니다. 중심 광장에는 젊은이들이 모여 있었습니다. 검은색 부츠와 검은색 스커트를 입은 소녀는 일어서기도 힘들 정도였습니다. 소녀들이 광장 한쪽에서 다른 한쪽으로 비틀거리며 걷고 있었습니다. 그녀가 불순한 의도를 가진 남자아이들에게 얼마나 쉬운 먹잇감이 될 수 있을지 알 수 있었습니다. 저는 친구 중 한 명이 그녀를 집에 안전하게 데려가 침대에 눕히길 바랐습니다.

광장 옆에는 대형 클럽이 있었고 미키 마우스가 입구에 서서 사람들을 안으로 안내하는 역할을 하는 것 같았습니다.

요리스와 저의 우정은 8년 전 같은 프로그램의 기자로 일할 때부터 시작됐습니다. 기꺼이 사람들, 상황, 소란을 똑바로 관찰하는 기자 정신은 여전히 우리를 연결해줍니다. 심지어 우리가 직접 소란을 일으킬 수도 있습니다. 저는 미키 마우스와 춤을 추었습니다. 요리스가 웃으면서 그것을 촬영했습니다. 한 남자가 광장에 큰 음향 장비를 설치하더니 기타로 감미로운 음악을 연주하기 시작했습니다. 하지만 그 음악 소리는 곧 클럽에서 흘러나오는 케이팝 음악에 완전히 가려졌습니다. 이와 같은 상황들이 우리에게는 유머로 느껴졌습니다. 이런 느낌은 헤어지기 전 마지막 밤 같았습니다. 경찰은 나름의 최선을 다해 그들의 임무를 충실히 하고 있었습니다. 우리가 일을 더 빠르게 진행하기 위해 할 수 있는 것이 무엇인지 잘 모르겠습니다. 그리고 희망이 조금씩 사라지고 있음을 느끼고 있었습니다. 우리는 곡성과 주변 지역의 모든 이명숙을 찾아 대화를 나눴습니다. 아마도 그녀는 더 이상 살아 있지 않을지도 모릅니다. 아마 다른 도시로 이사 갔을 수도 있습니다. 심지어 미국에 이민 갔을 수도 있겠네요.

하지만 적어도 우리는 최선을 다했고 친엄마를 찾기 위해 모든 것을 시도했습니다. 그렇지만 우리는 이제 한계에 다다른 것 같았습니다. 우리는 육체적으로나 정신적으로 너무 지쳤고 고민하느라 잠을 이루지 못한 것과 과도한 감정적 사건들이 결합되면서 무너져가고 있었습니다. 우리 셋은 함께 상상력을 발휘해 시나리오를 만들었고 힘들 때 서로를 격려

했으며 친엄마 찾기 여정에서 항상 한발 앞서서 생각했지만 이제 마법을 잃기 시작했습니다. 유동익 씨는 피곤해 했고 종종 혼자 있고 싶어 했습니다. 요리스는 지쳤고 향수병을 앓고 있었습니다. 그리고 저요? 저는 자신을 절대 용기를 잃지 않는 팀 리더로 생각하기 때문에 소리 내어 말하지는 않지만, 솔직히 말해서 저도 집에 가고 싶습니다. 그래서 저는 이 모든 사건을 마무리하고, 제 아이들을 껴안고 제 강아지와 산책하고, 라디오 방송을 하고, 부모님과 형제들을 만나고 싶습니다. 야꼽에게 제가 겪은 일을 들려주고 싶었습니다. "내일 서울로 가자, 요리스! 저녁에 맛있는 식사도 하고 그 후에 노래방에 가서 노래도 부르고 맥주도 마시자!" 요리스는 고개를 끄덕였습니다. "좋아, 미즈. 기대된다."

4부

만남과
그 이후의 삶

14장

첫 만남

인생의
결정적 순간

　서울로 가는 길에 차 안에서 찐빵으로 아침 식사를 대신했습니다. 출발한 지 두 시간 후에 형사로부터 경찰서로 올 수 있겠느냐는 전화가 왔습니다. 친엄마로 짐작되는 사람을 찾았는데, 그녀가 저를 만나고 싶어 한다는 것이었습니다. 확신할 수는 없다는 단서를 달았습니다. 유동익 씨와 요리스와 저는 믿을 수 없다는 듯이 몇 초간 서로를 바라봤습니다. 정말일까? 괜히 경찰서로 오라고 하는 건 아닐까? 저는 눈물이 솟구쳤고 유동익 씨와 요리스도 눈에 띄게 감동하는 것을 볼 수 있었습니다. 수많은 생각이 머릿속을 스쳤습니다. 그들은 어떤 질문을 했는지, 그녀가 제 친엄마인 걸 어떻게 확인했는지, 그래서 아직 그녀가 살아 있고, 그녀가 저를 보고 싶어 하는지, 만약 그녀가 제 친엄마라면 그분이 저를 어떻게 맞이할 것인지 궁금했습니다. 세 시간 남았는데 참을 수가 없었습니다. 시간이 갈수록 긴장감은 더 커집니다. 최상의 시나리오를 기대하고 있지만, 결국 아닌 것으로 판명될까 너무 두렵습니다.

마침내 수원 경찰서에 도착했습니다. 주차장에는 이미 기자들이 기다리고 있었고 지금은 그들과 이야기를 나눌 분위기가 아니었습니다. 우리는 재빨리 안으로 들어가 형사를 만났습니다. 그 주변에는 약 4명의 경찰이 있었는데, 그들 사이에서도 일종의 억압된 흥분이 느껴졌습니다. 형사는 잠시 그의 사무실에서 우리끼리만 얘기하고 싶어 했습니다. "우리는 이명숙이라는 여자를 찾았어요. 그녀는 곡성에서 태어났고, 박명필과 관계를 맺고 딸이 있었답니다. 이야기는 딱 맞아요. 그분이 당신의 어머니입니다." 드디어 저는 기쁨을 느꼈습니다. "그분이 여기 오셨고 지금 마지막으로 몇 가지 질문을 드리려고 합니다. 다시 결혼하셨으니 예민할 수도 있고 현재 생활에 영향을 미칠 수도 있으니, 그분도 만나고 싶어 하는지 확인하려고 합니다. 여기서 기다리세요. 우리가 무엇인가를 더 알게 되면 다시 오겠습니다."

친엄마는 순천에 살고 있는데 우리가 곡성에서 호텔을 찾지 못해 며칠 묵었던 도시였습니다. 순천은 또한 우리가 시도를 전혀 하지 않았던 도시입니다. 우리는 그곳 경찰서는 들어가지 않고 지나쳤고 시청도 무시했었습니다. 그녀의 집에서 그렇게 가까이 있었는데 거기에는 전단지 하나도 남기지 않았습니다. 길거리나 슈퍼마켓에서 마주칠 수도 있었겠죠.

멀리서 찾지 말고 길모퉁이에서 원하는 것을 찾으라는 진부한 말은 정말 사실이었습니다.

30분 정도 기다리는 동안 내면에서 일시 정지 버튼을 눌러 한동안 아무 생각도 하지 않고 있는데, 형사가 사무실로 들어왔습니다. 그는 말했습니다. "그분이 당신을 만나고 싶어 하니까 저를 따라오세요." 계단을 올라가면서 마음을 진정시키려고 계단 수를 세었습니다. 30개의 계단이었는데, 한 계단 한 계단 올라갈 때마다 평생 찾던 그분에 가까워지는 느낌을 받았습니다. 제가 걸어온 길이 정말 먼 길처럼 느껴졌습니다. 아머르스포르트의 작은 광장에서 시작된 그 의식적인 친엄마 찾기 여행. 내가 어린 아들의 손을 꽉 잡고 있었는데 그 손을 놓치고 멀어지자마자 나를 따라 달려올 거라 장담했던 그 순간.

큰 회의실에는 형사 외에 수사팀의 일원인 다른 네 명의 경찰관도 함께 참석했습니다. 그들은 서로 귓속말로 무언가를 속삭였고 방향을 알려주고 회의실 안팎을 오갔습니다. 불안해졌습니다. 숨을 들이쉬고 내쉬며 마음을 진정시키기 위해 주변 환경에 집중했습니다. U자 모양의 책상과 검은색 의자, 앞쪽에 작은 원형 테이블과 의자 두 개가 놓여 있었습니다. 옆에는 어제 오후에 받은 터무니없이 큰 태극기보다 훨씬 작은 태극기가 걸려 있었습니다. 기자들에게 실종, 범죄, 사건 해결에 대해 브리핑하는 공간이라는 생각을 했습니다.

바로 여기가, 제가 친엄마를 만나는 장소인 셈입니다. 몇 분만 지나면 세상이 달라질 것 같다는 생각이 들어 주변을 한 번 더 돌아보게 됐고 그 이전 세상이 어땠는지 세세한 것까지 알게 될 인생의 결정적 순간에 서 있었습니다. 저도 아이를 낳기 직전에 이와 같은 느낌을 받았습니다. 큰일이 일어날 거라는 건 알았지만 정확한 결과가 어떻게 될지 몰랐고 그 이후의 삶이 결코 예전 같지 않을 거라는 건 알고 있었습니다. 항상 이전과 이후가 있는 거니까요.

근희,
뿌리를 내린 소녀

저는 회의실 한쪽에서 다른 쪽을 향해 서성거렸습니다. 나는 요리스에게 "소리를 다시 한번 테스트해 볼래"라고 말하며 화면이 제대로 잡히는지 몇 번이고 물었습니다. 제 휴대폰으로 몰래 상봉 장면을 촬영했습니다. 경찰과 촬영하지 않기로 약속했기 때문이죠. 하지만 저 자신을 위해, 네덜란드 부모님을 위해, 아이들을 위해 카메라에 담아야만 정말 믿을 수 있을 것 같았습니다. 오늘 아침만 해도 저는 그녀가 더 이상 살아있지 않다고 생각했고, 다시는 그녀를 볼 수 없다는 사실을 받아들이고 있었습니다.

멀리서 발소리와 속삭임, 비닐 랩이 바스락거리는 소리가 들렸습니다. 몇 초 후, 한 여성이 하얀 손수건을 손에 쥐고 거의 뛰다시피 제 쪽으로 다가왔습니다. 우리는 서로를 꼭 껴안았고 저는 그녀의 온몸이 전율하는 것을 느꼈습니다. 그녀의 울음소리가 내 울음소리와 섞이면서 저는 우리가 정확히 같은 음조로 울고 있다는 것을 알게 되었습니다. 잠시 시간이 완전히 멈추고 우리는 이 순간 외에는 아무것도 존재하지 않는 것처럼 몇 분 동안 서로를 안고 있었습니다. 탯줄로 연결되어 있던 친엄마와 딸이 재회하는 순간이었습니다. 출산과 함께 새로운 생명이 탄생했고 그 새로운 생명은 그 순간부터 자신을 낳아준 사람의 삶과 얽혀 있습니다. 함께 먹고, 놀고, 대화하고, 잠을 자면서 수십만 시간을 함께 보내게 됩니다. 이것이 바로 출산 이후의 과정이죠. 수년간 각자의 삶을 따로 살아온 두 여자가 만났습니다. 상대방이 어디에 있는지, 상대방이 무엇을 느끼고 있는지, 상대방이 무슨 생각을 하고 있는지 모른 채 기념비적인 순간을 맞이했습니다. 지금, 이 순간부터 다시 얽히게 될 삶을 맞이한 것입니다.

최근 몇 년간 저는 친엄마에 대한 구체적인 이미지가 없는 상태에서 그녀에 관한 이야기를 많이 했습니다. 그런데 실제로 그녀를 처음 만났을 때 이분이 제 친엄마인지 전혀 의심하지 않았습니다. 그녀를 보자마자 바로 엄마라는 사실을 알 수 있었습니다. 그 본능은 생물학적 측면, 느낌, 냄새 또 믿을 수 없을 정도로 친숙한 모습이었습니다. 그녀는 제가 몇 년간 계속 찾았고, 그래도 찾는 것을 포기하지 않아서 고맙다고 말했습니다. "네가 날 찾게 해달라고 매일 기도했어. 너무 오랫동안 너를 잃어버려서 어디 있는지도 몰랐어." 그녀는 저보다 머리 하나가 작았고 그제야 그녀의 얼굴을 보게 되었습니다.

눈, 입, 피부색, 얼굴 모양이 똑같았습니다. 검은색 바지에 빨간색과 검은색 카디건이 어울리는 가방을 매치한 그녀의 옷차림을 보면 경제적으로 풍족하고 스타일도 좋다는 것을 알 수 있었습니다.

천천히 현실로 돌아왔습니다. 경찰 간부들이 회의용 의자에 앉아 우리를 열심히 지켜보고 있었습니다. 한편 요리스와 유동익 씨도 눈이 촉촉해져 있었습니다. 친엄마는 경찰 간부 중 한 명으로부터 커다란 꽃다발을 받았습니다. 우리는 원탁에 앉았고 그녀는 제 두 손을 꼭 잡았습니다. 어릴 적부터 한 번도 보지 못한 친엄마에게 무엇을 물어볼까요? 건강하세요? 자녀가 있으신가요? 그녀는 휴대폰으로 마흔 셋의 아들과 마흔 한 살의 딸을 보여줬습니다. "등에 화상 자국이 있지? 아주 어렸을 때 뜨거운 물에 덴 거야." 이 말 한마디로 그녀는 DNA 검사를 불필요하게 만들었습니다. 네덜란드 부모님 외에는 아무도 이 사실을 모르니까요. 그녀는 며칠간 알 수 없는 번호로 전화를 받았는데 보이스피싱이 두려워 매번 받지 않았다고 말했습니다. 오늘 아침에야 전화를 받기로 결심했고 경찰관이 과거에 박명필과 관계를 맺은 적이 있느냐고 묻는 것을 들었다고 했습니다. 경찰은 박명필과 사이에서 낳은 딸이 있느냐고 물었고 그 딸을 만나기 위해 수원 경찰서에 올 의향이 있느냐는 두 가지 질문을 해서 모두 긍정적으로 대답했다고 합니다. 충격에 휩싸인 그녀는 차에 올라타 경찰서로 향했습니다. 우리는 오늘 아침 순천에서 수원까지 차를 몰고 오면서 도중에 휴게소에서 우연히 만날지 모른다는 생각에 웃기도 했습니다. "너도 곡성에 있었니?" 그녀가 놀라서 물었습니다. 저는 그녀에게 우리의 여정에서 찍은 사진을 보여주었습니다. 시장 후보, 목사와 교회, 곡성 거리에서 나눠준 전단지, 담양에서 만난 엉뚱한 이명숙 씨. 엄마는 웃으며 놀랍다는 표정으로 사진을 보았습니다. 우리가 엄마의 고향을 돌아다니고 그녀가 평생 알고 지내던 성당에 들어갔으며 거스 히딩크의 호소를 보는 것은 엄마에게 정말 어처구니가 없는 일이었을 겁니다. "히딩크!" 그녀는 믿을 수 없다는 듯 고개를 흔들며 외쳤습니다. 마치 「비 이스 더 몰?(Wie is de Mol?: 네덜란드 모험 리얼리티 쇼)」의 마지막 에피소드에서 자신도 모르게 무슨 일이 일어났는지 모두 알게 되는 장면과 매우 흡사했습니다.

지난 며칠간 수많은 우체통에 넣고, 창문에 붙이고, 지나가는 사람들의 손에 쥐여준 전단지를 그녀에게 건네줬습니다. 그녀는 종이에 크게 인쇄된 자신의 이름을 바라봤습니다. 입양 기관에서 찍은 흑백 사진에 한국 이름이 적힌 것을 본 것입니다. "네 이름은 은혜가 아니야. 네 이름은 근희고 서울에서 태어났어"라고 말했습니다. "근희"라고 발음하더군요. 모든 한국 이름에는 의미가 있다고 설명해 주었습니다. 은혜는 용서라는 뜻이고, 근희는 뿌리를 내린 소녀, 두 발을 땅에 단단히 딛고 있는 소녀 즉, 뿌리 있는 소녀라는 뜻이죠. 근희, 난 처음으로 제 이름을 발음해 봤습니다. 수원의 은혜가 아닌 서울에서 온 근희. 사실 뿌리를 내린다는 것은 밑도 끝도 없는 용서보다 이 순간을 살아가고 있는 나 자신을 더 잘 알아보는 것 같습니다.

친엄마는 여전히 전단지를 보고 있었고 엄지손가락으로 두 살배기 내 얼굴을 살살 문질렀습니다. "널 잃어버렸어." 그녀가 다시 말했습니다. "네가 어디 있는지 몰랐지만, 다행히도 네가 계속 나를 찾았구나." 저는 그녀에게 많은 것을 물어보고 싶었지만, 형사가 시계를 보고 있었고 다른 경찰이 카메라를 들고 오래 대기하고 있었음을 깨달았습니다. 우리에겐 시간이 멈춘 것 같았지만, 그들의 시간은 계속 가야 하므로 태극기 옆에서 자랑스러운 경찰 실종 수사팀과 함께 당당하게 사진을 찍었습니다. "요리스, 유동익 씨 그리고 저는 오늘 밤 서울에서 하룻밤을 보낼 건데 같이 가시겠어요? 함께 보내는 마지막 밤이라 생각해서 저녁도 먹고 맥주도 마시고 노래방도 가기로 약속했어요." 친엄마가 웃습니다. "나도 당연히 가야지! 나도 노래방 완전 좋아해! 그리고 아이들에게도 서울로 오라고 전화할게." 그러자마자 그녀는 당장 기차를 타고 오라고 자식들에게 지시를 내렸습니다. 친엄마는 결단력 있는 타입이었습니다.

경찰서 주차장에서 기다리던 기자들은 이번 주 내내 우리 주위를 따라다니며 매일 전화로 진전이 있는지 물었던 사람들이었습니다. 이제 그들은 특종을 건졌습니다. "기분이 어때요?" 카메라가 저를 향하자, 기자가 물었습니다. "아직 믿기지 않지만, 많은 도움을 주셔서 정말 기쁘고 감사한 마음입니다. 만남은 매우 감동적이었고 저는 그녀를 닮았고 그녀를 당장 알아봤어요." 그러고는 헨드릭 이도 암바흐트에 전화하며 "엄마를 만났어요! 엄마가 살아있어요!"라며 전화기에 대고 소리쳤습니다. "얘야, 정말 잘됐다!" 네덜란드 어머니도 응원했습니다. 유동익 씨도 우리가 엄마를 찾았다는 전화를 기다리던 사람들과 수원의 미용사에게 전해주었습니다.

기적 같은 밤

"이리 와, 나랑 같이 차 타고 가자." 친엄마가 말했습니다. "우리 함께 서울로 가는 거야." 그렇게 갑자기 친엄마의 검은색 기아 스포츠 유틸리티 차량에 앉았습니다. 아직 주차장을 빠져나오지도 않았는데 그녀가 제 한 손에 물병을, 다른 한 손에는 귤을 쥐어주었습니다. "먹으렴, 자, 어서!" 내가 그녀에게 앞으로 더 많이 듣게 될 강권입니다. 그녀는 저와 같은 운전 스타일을 가지고 있었습니다. 출구를 찾을 때 그다지 매끄럽지 않았고 다소 우왕좌왕했습니다. 신호등에 멈추면 그녀는 내 손을 잡고 이렇게 말했습니다. "나를 찾아줘서 고마워. 정말 행복해. 믿을 수 없을 정도로 행복해." 그녀는 이 말을 한 후 다시 활기를 되찾았습니다.

우리는 45분 후에 서울에 예약한 호텔에 도착했습니다. 제가 가장 좋아하는 인사동에 위치한 이 호텔은 전통 음식점, 찻집, 아트숍을 낀 골목길이 특징입니다. 호텔 방에 짐을 풀고 요리스와 유동익 씨와 함께 그 구역을 걸어 들어갔습니다. 친엄마와 저는 모두 긴 겨울 코트와 운동화, 마스크를 착용하고 있었고, 친엄마는 제 손을 꼭 잡고 있었습니다. 다시는 서로를 잃지 않도록 말이죠.

우리는 목재로 지은 식당에 들어갔습니다. 그녀는 "여기 앉자"라고 말하더니 "아니, 여기가 좋겠다"라고 정정하였습니다. 저도 친구들과 외식할 때 한 번쯤 테이블을 바꾸는 편입니다. 결국 친엄마와 저는 식당 뒤편에 있는 작은 테이블에 자리를 잡았습니다. "맥주 네 병!" 웨이트리스가 다가오자, 친엄마가 힘차게 외쳤습니다. 그녀는 메뉴판을 들고 여러 가지를 주문했고 채식주의자를 위한 음식도 있는지 이것저것 물었습니다. 저는 그녀를 보고 웃음을 터뜨릴 수밖에 없었습니다. 저도 항상 식당에 가면 테이블을 고르고 다른 테이블로 바꾼 다음 웨이트리스와 음식 주문에 대해 길게 이야기하거든요. 우리는 맥주를 마시며 건배했고 저는 아이들과 페이스타임을 했습니다. "이분이 그분이야. 너희 할머니." 아이들은 말 못 할 정도로 너무 놀랐고, 친엄마는 아이들이 예쁘다고 하셨습니다. 그녀는 지난 세월 어떻게 살아왔는지 우리에게 들려주셨습니다.

그녀는 곡성으로 돌아온 후 식당을 차렸습니다. 그러다 지금의 남편을 만났고 두 사람 사이에는 저보다 네 살 아래 엔지니어인 아들과 여섯 살 아래 유치원 교사 딸이 있었습니다다. 그들도 순천에 살고 있습니다. 그들은 어머니의 전화를 받고 하던 일을 잠시 내려놓고 기차에 몸을 싣고 자정 무렵 이곳에 도착할 예정이었습니다. 저는 그들의 선의에 감동했습니다. 그들은 존재조차 몰랐던, 아버지가 다른, 네덜란드에서 온 형제인 저를 만나고 싶어 했습니다. 그리고 그들은 엄마나 저에게 화를 내지 않았는데 저는 그것이 특별하다고 생각했습니다. 만약 제가 엄마로부터 네덜란드에 다른 친딸이 있다는 얘기를 듣는다면, 그리고 그러한 사실이 수십 년간 숨겨져 있었다면 어떻게 반응할지 잘 모르겠습니다.

친엄마는 음식을 떠주었고 우리를 위해 비빔밥에 고추장을 넣더니 친히 비벼주었습니다. 그녀는 우리 잔에 맥주를 계속 채워주었고 제가 오이지를 좋아하는 것을 보고는 추가 주문을 했으며 이미 계산을 마친 후였습니다. 그녀는 다음날에도 매번 그렇게 했습니다. 그러니 「스포를로스」에서 본 것처럼 당황스러운 상황에 대해 걱정할 필요가 없었습니다. 친부모가 입양아를 일종의 걸어 다니는 지갑으로 여기고 죄책감을 이용해 음식, 자동차, 새집 살 돈을 구걸한다는 그런 상황 말입니다. 하지만 전혀 그런 일은 없었습니다. 친엄마가 미스터 박보다 훨씬 더 경제적으로 잘 산다는 것은 모든 면에서 분명했습니다.

식당 근처에는 노래할 수 있는 노래방이 있었습니다. 전에도 가본 적이 있는 가라오케 같은 곳으로 직사각형으로 된 어두운 방이었습니다. 모니터가 걸려 있는 벽을 제외하고는 덮개를 씌운 소파가 삼면에 놓여 있었습니다. 중앙의 테이블 위에는 노래 제목과 해당 번호가 적힌 두꺼운 책이 놓여 있었습니다. 천장에는 디스코 볼이 돌아가고 있었고 모니터가 걸린 벽에는 위생을 위해 수영 모자 같은 커버를 씌운 두 개의 마이크가 걸려 있었습니다. 잠시 자리를 비운 친엄마는 맥주와 팝콘이 가득 담긴 쟁반을 들고 웃으며 돌아오셨습니다. 정말 축하할 일이죠. 잃어버린 딸을 다시 찾았고, 이제 맥주도 함께 마시고, 노래방에서 노래도 부를 수 있으니 얼마나 기쁜 날인가요! 유동익 씨도 덕분에 임무가 성공했다는 사실에 안도하며 환하게 웃고 있었습니다. 한국 문화를 이해하고 한국어와 네덜란드어를 모두 구사하면서 포기하지 않는 유동익 씨가 없었다면 여기까지 올 수 없었을 겁니다. 요리스는요? 그의 손에 마이크를 쥐여주고 가장 좋아하는 곡인 딘 마틴의 「Everybody Loves Somebody」가 담긴 음악 가득한 책이 있다면 그보다 더 행복할 수 없었을 겁니다. 한국 문화의 감성을 놓치지 않게 해준 그의 우정과 비판적인 질문을 던져준 것에 대해 정말 고맙게 생각합니다. 그리고 무거운 분위기에 활기를 불어넣어 준 그의 농담도 정말 고맙습니다.

"누구나 때론 누군가를 사랑하고 비록 꿈의 기한은 지났어도 사랑 때문에 당신 같은 사람을 기다릴 만한 가치가 있어요." 네, 그만한 가치가 있었어요. 세 걸음 뒤로 물러서고, 두 걸음 옆으로 물러서고, 한 걸음 앞으로 나아갔던 그 작은 발걸음. 몇 시간씩 차를 타고 다니고, 미스터 박과 고통스러운 대화를 나눴고, 끝없이 전단지를 돌리던 일들이 생각났습니다. 그 덕분에 우리는 이 노래방에서 안경을 코에 걸친 채 눈을 감은 요리스가 이 여정의 사운드트랙이 될 노래를 목이 터져라 부르는 모습을 보고 있는 겁니다. 누구나 어딘가에서 누군가를 찾습니다. 사랑이 어디에서 나타날지는 아무도 모릅니다. 내 마음속 무언가가 계속 말합니다. 나의 어딘가는 여기라고. 이제 친엄마와 내 차례가 되어 엘튼 존의 「Sorry Seems to Be the Hardest Word」를 선곡했습니다. 친엄마는 가사를 이해하지 못했지만 내가 후렴구를 부르고 어깨에 팔을 얹었을 때 그녀의 눈물이 뺨을 타고 흘러내리는 것을 볼 수 있었습니다. 서로 말하지 않아도 우리는 지금 같은 감정을 함께 느끼고 있음을 압니다. 이것이 현실이었지만 우리가 정말 친엄마 찾기를 성공한 것을 여전히 믿을 수 없습니다. 우리가 누리는 이토록 큰 행복이 누구 혹은 무엇 때문인지 궁금합니다. 마지막으로 유동익 씨의 차례가 됐습니다. 그는 요리스와 저는 모르지만 친엄마는 아는 한국 노래를 선곡했습니다. 왜냐하면 그녀가 탬버린을 들고 힘차게 춤을 추었으니까요.

그런 다음 호텔로 가서 남동생과 여동생이 도착하기 전에 잠시 휴식을 취했습니다. 혼자 엘리베이터를 타고 15층 옥상 테라스로 올라갔는데 조용하고 도시의 경치가 숨이 멎을 정도로 아름다웠습니다. 길 건너편에 있는 조계사의 빨강, 파랑, 노랑 연등 불빛도 너무 멋있었습니다. 사무실, 상점, 식당의 밝은 네온사인도 이제야 눈에 들어왔습니다. 월요일 저녁인데도 신호등에는 차량이 길게 줄을 서 있었고 인도에는 퇴근해서 귀가하는 정장 차림의 보행자들로 가득했습니다. 밤 11시인데 말이죠.

저는 호텔 방 두 개를 예약했습니다. 하나는 친엄마와 그녀의 여동생 방이었고 하나는 남동생과 여동생의 방이었습니다. 나는 유동익 씨와 함께 친엄마의 호텔 방에서 기다렸습니다. 그들이 도착한 시간은 새벽 1시였습니다. 이모는 저를 안아주며 머리부터 발끝까지 다정하게 바라봤는데, 마치 제가 희귀하고 아름다운 자연 현상인 것처럼 느껴졌습니다. 활짝 웃으며 저를 안아주며 누나라고 부르는 남동생, 그는 자기가 장남인 줄 알았는데 갑자기 네덜란드에서 온 누나란 여자가 나타났으니 얼마나 황당했을까요! 여동생은 저와 똑같은 저음의 목소리로 "언니!"라고 불렀습니다. 눈물을 흘리며 저를 안았고 실크 스카프와 설화수 브랜드의 훼이셜 케어 제품, 인삼 크림 등을 선물로 주었지만, 최고의 선물은 휴대폰으로 보여준 문자 한 통이었습니다. 서울로 향하는 기차 안에서 그녀는 나에게 쓴 편지를 구글 번역기로 번역해 보내줬습니다.

오늘 기적이 일어났어요. 언니는 정말 용감해요. 나는 엄마가 언니를 그리워했다는 것을 확신하지만 내가 언니의 존재를 더 일찍 알아차리지 못해 미안해요. 언니가 여기 와서 정말 기쁘고 영어를 배워서 언니와 대화할 예정이고 엄마와 소통할 수 있도록 도와줄게요. 언니가 곧 다시 떠난다니 너무 아쉽고 더 자주 만나고 싶어요. 남은 평생 언니를 생각할게요. 건강 잘 챙기고 행복하고 최선을 다하길 바라요. 다시 한번 고마워요.

우리는 작은 호텔 방 침대에 나란히 앉았습니다. 네 명의 얼굴이 진심과 기쁨으로 저를 바라봤습니다. 친엄마는 침대 위에 여러 종류의 과일과 꿀을 바른 캐슈너트, 맥주, 비스킷을 진열해 놓았습니다. 분명히 이것들을 사러 잠깐 밖에 다녀온 것 같았습니다. 아이들은 서로 이모와 친엄마와 손을 잡고 많은 농담을 나눴습니다. 얼마나 사랑스러운 사람들이고 서로에게 얼마나 다정한지! 친엄마는 크게 숨을 쉬며 말했습니다. "내가 받을 수 있는 최고의 생일 선물이야!" 몇 달 후면 칠순이 되는 친엄마는 이제 평생 원하던 것을 찾았으니까요. 한 시간도 채 지나지 않아 모든 감정과 감동이 휩쓸고 간 여파로 너무 피곤해졌습니다. 친엄마는 제가 자기 방에서 자길 원하셨어요. 저는 "아니요"라고 손짓하며 "엄마는 이모랑 주무세요"라고 말했습니다. 저는 정말로 잠시 혼자 있고 싶었거든요. 한계에 도달했기 때문입니다. 우리는 내일 아침을 함께 먹기로 했습니다. 호텔 방에서 머릿속이 정리되지 않은 이야기를 혼자 하는 것이 유일한 방법입니다. 이야기를 할 때마다 이 모든 일이 실제로 일어났다는 것이 좀처럼 믿어지지 않습니다. 절친 빤스에게 전화했고, 좋은 친구 마리커에게도 전화했고,

헨드릭 이도 암바흐트에도 다시 전화했습니다. 같은 이야기를 매번 조금씩 다른 단어로 말하면서 믿을 수 없다는 반응을 전해 들은 후 전화 너머에서 눈물을 흘렸고 저도 눈물을 흘렸습니다.

15장

떨어져 있던 시간이 무색할 만큼

이질감 없는
새 가족

　세 시간 자고 난 후 저는 새로운 한국 가족들과 이제 가족처럼 느껴지는 유동익 씨와 요리스와 함께 호텔 조식 테이블에 앉았습니다. 요리스는 오늘 밤 네덜란드로 돌아갑니다. 저 또한 그의 함께 가야 합니다. 「스포를로스」 에피소드에서 성공적인 재회는 딸과 엄마가 서로의 품에 안기고 그 아래 음악이 흐르고 엔딩 크레디트가 올라가면서 끝납니다. 하지만 그다음에는 어떻게 될까요? 친엄마는 만나자마자 분명히 물었습니다. "너 우리랑 함께 순천집에 가볼래?" 그 말을 강조하기 위해 그 말을 하는 동안 그녀는 제 손을 꽉 잡았습니다. 어렸을 때 제가 가장 좋아했던 책인 스티븐 켈로그의 『제가 키울 수 있을까요?(Can I Keep Him?)』가 생각났습니다. 이 책은 어린 소년이 가장 이국적인 동물을 만난 후 엄마에게 억지스러운 어조로 키울 수 있는지 묻는 내용입니다. 어머니는 계속 요구에 응했고 이국적인 동물들은 깨끗한 집에서 대혼란을 일으킵니다.

물론 친엄마가 한동안 저를 데리고 있을 테니 다시 한번 항공편을 변경하기 위해 모든 노력을 기울였습니다. 동시에 피로가 많이 쌓였다는 것을 처음으로 느꼈습니다. 지난 한 주간 잠을 너무 못 잤고 시나리오에 대해 너무 많은 걱정을 했으며 플랜 A에서 플랜 B로 또다시 되돌아올 정도로 바쁘게 다녀서 사실 휴식이 필요했습니다. 네덜란드에서 제가 사랑하는 사람들에게 이곳에서 일어난 모든 일을 정리해서 얘기할 수 있도록 나만의 익숙한 환경에 있고 싶었습니다. 하지만 이제 막 친엄마를 찾았으니 갑자기 떠날 수는 없습니다. 새 가족에 대해 정말 알고 싶으니까요.

항공편이 변경되자마자 가족과 함께 조계사로 향했습니다. 요리스와도 둘만의 시간을 가졌습니다. 불교 신자인 친엄마는 저를 절로 데려갔습니다. 신발을 벗고 바닥에 무릎을 꿇은 후 세 번 절했습니다. 방석에 이마를 대고 나서 똑바로 서서 두 손을 모으는 식이었습니다. 그리고 친엄마는 홍등을 하나 사주더니 카드에 소원을 적으라고 했습니다. "가족의 행복과 건강"이라는 문구만 머릿속에 떠올랐습니다. 한 남자가 저에게 등을 받아 사다리차에 오르더니 사찰 주변 광장에 걸린 줄에 걸었습니다. 제 소원은 어쩌면 어제까지 성취되지 않았을 다른 모든 소원 사이에 걸려 있습니다.

그런 다음 쇼핑을 하러 택시를 타고 남대문으로 이동했

습니다. 한국의 엄마들은 딸을 위해 옷을 사줍니다. 그리고 지금 우리가 그 일을 하고 있습니다. 서양 명품 옷이 가득한 백화점에서 제가 원하는 옷을 골라야 했습니다. 제가 정말 갖고 싶은 게 없다고 투덜대면 여동생은 "꼭 사야 해, 안 그러면 엄마가 화내실 거야"라고 말했습니다. 그래서 저는 아디다스에서 딸과 아들을 위한 옷을 골랐습니다. 그때부터 모두가 편안해졌고, 우리는 도시를 산책하면서 커피를 마시러 갔습니다. 유동익 씨는 국회의원 보좌관으로부터 저를 해외에서 가장 영향력 있는 한국인 명단에 올리고 싶다는 연락을 받았고, 영상을 찍어 한국 국회에서 상영할 수 있게 해달라는 요청을 받았습니다. 그래서 영상을 찍긴 했지만 정말 정신이 없었습니다. 요리스와 저는 터무니없다고 비웃었지만, 새로운 가족들은 제가 영상을 찍을 때 저를 자랑스럽게 바라보았습니다. "감사합니다. 정말 영광이에요. 한국에서 태어난 게 자랑스러워요." 요리스는 저를 촬영했습니다. 제가 걸음을 내디딜 때마다 친엄마는 여전히 제 손을 잡고 있었습니다. 그리고 엄마뿐 아니라 이모, 남동생, 여동생도 저와 함께 손을 잡고 나란히 걷고 싶어 했습니다.

한 시간 후면 요리스가 공항으로 가야 하는데 아내와 아이들을 위한 선물을 사러 저와 함께 가자고 했습니다. 저는 가족들에게 요리스의 선물 사는 일을 꼭 돕고 싶다고 설명했습니다. 가족들은 알았다며 고개를 끄덕였습니다. 그들은 로비에서 저를 기다린다고 했고 그다음에 순천으로 차를 몰고 가기로 했습니다. 잠시나마 요리스와 인사동을 걷고 있자니 기분이 무척 좋아졌습니다. 저는 그에게 더 많은 볼거리를 보여주고 싶었고 남산 타워에도 함께 오르고 싶었고 전통 찻집에서 과일차를 마시고도 싶었습니다. 하지만 모든 것이 친엄마 찾기 여정에 맞춰져 있어서 시간이 빠듯했습니다. 저는 그가 간다는 사실에 힘이 빠졌습니다. 우리는 유동익 씨와 함께 짧은 시간 동안 많은 것을 경험했고 끈끈하게 뭉친 팀이 되었기 때문에 요리스가 곧 혼자 비행기를 탄다는 사실이 이상하게 느껴졌습니다.

그러다 갑자기 새 가족과 함께 차에 탔습니다. 친엄마는 운전석에, 이모는 조수석에, 뒷좌석에는 남동생이, 가운데에는 여동생이, 그다음에는 제가 앉았습니다. 이 모든 상황에서 가장 이상한 점은 전혀 낯설게 느껴지지 않는다는 겁니다. 저는 남동생, 여동생과 함께 친엄마의 운전 스타일에 관해서도 얘기했고 친엄마가 항상 많은 양의 음식을 갖고 다닌다는 걸 두고 놀렸습니다. 우리에게 계속 강권하는 것에 대해서도 농담을 했습니다. "먹어, 먹어! 음식, 음식!" 가끔 어색한 침묵이 흐르는 순간이 있었는데 그것은 바로 친엄마의 남편이 화제에 오를 때였습니다. "걱정하지 마, 오빠가 우리 아빠에게 얘기할 거니까. 하지만 시간이 좀 걸릴 거야." 남동생은 여동생 뒤로 고개를 내밀며 "내가 알아서 할게"라며 고개를 끄덕였습니다. 실제로 그들은 여동생 딸을 봐달라는 핑계로 오늘 밤 그들의 아버지를 여동생의 집으로 보냈습니다. 먼 타국에서 숨겨진 딸이 갑자기 나타나 집안에 감춰지는 한국 드라마 시리즈 상황이 발생한 것입니다.

    가는 도중에 휴게소에 들러 푸드 코트를 방문했습니다. 그곳은 다양한 종류의 음식을 골라 테이블에서 먹을 수 있는 넓은 공간이었습니다. 친엄마는 작은 테이블을 골랐습니다: "여기! 아니, 그냥 여기에 앉자!" 남동생이 물잔과 냅킨, 수저를 들고 쿵쾅거리며 달려왔습니다. 여동생은 왼쪽 구석에 있는 가게에서 매운 국수 한 그릇을 주문했고 오른쪽 구석에 있는 가게에서 비빔밥 다섯 그릇을 주문했습니다. 이 가족은 기름칠이 잘된 기계 같습니다. 음식이 상에 오르면 여동생은 제 그릇을 집어 들고 매운 국수를 넣은 다음, 그릇을 다시 제게로 건네며 "언니"라며 다정하게 말했습니다. 저는 이 한국 가정에서 특권을 누리고 있는 뿌리[根] 소녀[姬], 언니인 근희입니다. 몇 입 먹은 후 이 특별한 상황을 셀카로 남겼습니다. 새 가족과 함께 식탁에 앉은 근희의 모습입니다. 사진이 잘 나왔는지 확인하며 여동생과 저는 그 장면을 보고 크게 웃었습니다. 완전히 비어 있는 친엄마의 그릇을 제외한 가족의 그릇에는 여전히 음식이 가득 담긴 채 모두 카메라를 향해 미소를 짓고 있었습니다. 남동생이 말했습니다. "엄마는 이미 다 드셨네. 항상 그렇죠."

    순천까지는 차로 다섯 시간 정도 걸렸는데 저녁 러시아워에 식사하고 나니 피로가 몰려왔습니다. 남동생이 운전대를 잡았고 다른 사람들은 모두 잠이 들었습니다. 여동생은 다시 눈을 감기 전에 "내 어깨에 머리를 얹어도 돼"라고 말했습니다. 신호등에 서 있을 때 다른 차의 승객들이 우리 차를 들여다봐도 낯선 점은 없었습니다. 그저 서울에서 주말을 보내고 집으로 돌아가는 한 가족일 뿐입니다. 네덜란드 가족들과 함께 길을 떠날 때면 항상 우리를 오래 쳐다보는 사람들이 있었습니다. 항상 백인 세 명과 동양인 한 명이 캠핑장을 돌아다니고, 겨울 스포츠를 즐기고, 식당 테이블에 앉아 있었으니까요. 오스트리아에서 겨울 스포츠를 즐기고 있었을 때 다른 호텔 투숙객들이 저를 "작은 중국인"이라고 불렀습니다. 여름 휴가를 맞아 어딘가를 산책하고 있을 때는 "입양됐어요?"란 질문을 받았습니다. 특히 열려 있지 않은 사람들과 함께 있을 때면 다소 다르다는 것을 항상 설명해야 했고 변명해야 했습니다. 지금은 이런 모습이 너무 평범해 보여서 좋았습니다. 일부러 쳐다보는 시선도 없고 질문도 하지 않으니까요.

잃어버린 시간을
따라잡는다는 것

순천에 도착하니 11시가 넘었습니다. 이모와 여동생을 각자 집에 내려주었습니다. 남동생과 저는 오늘 밤 도시 외곽에 있는 방 세 개짜리 아파트인 친엄마의 집에서 자기로 했습니다. 그 집에는 큰 안마 의자와 그 옆에 회색 가죽 소파가 있었고 개방형 부엌이 있었으며, 그 외 부분은 일종의 보조 주방이었습니다. 벽면에는 찬장이 있었는데 찬장을 열면 검은콩, 팥, 참깨, 검은깨, 적어도 다섯 가지 종류의 쌀로 가득 채운 페트병이 있었습니다. 옷장 크기만 한 냉장고에는 수많은 반찬 통이 들어있었습니다. 베란다에는 고추장, 김치 및 절인 채소로 가득한 검은색 항아리가 양념이 될 때까지 발효되고 있었습니다.

친엄마가 제 치마를 잡아당겼습니다. 그녀는 제 옷을 세탁하려고 했습니다. 세탁기가 돌아가고 제가 속옷 차림으로

서 있자 그녀는 저를 목욕시키겠다고 했습니다. 저는 아직도 그녀에게 저를 마지막으로 보았을 때의 나이라는 것을 깨달았습니다. 그녀의 눈에는 아직도 제가 어린아이입니다. 그녀의 시간은 그때로 멈춰 있습니다. 저는 여전히 밥을 받아먹어야 했고, 씻겨줘야 하는 어린 소녀일 뿐입니다. 제 시간은 이미 흘렀으므로 혼자 샤워를 하겠다고 말했습니다. 가방을 풀고 금색 세면도구 가방을 친엄마의 가방 옆에 놓았는데, 똑같아서 큰 소리로 웃었습니다. 9천 킬로미터나 떨어져 살면서 45년간 서로를 잃어버렸음에도 불구하고 같은 세면도구 가방을 사는 것, 이것이 바로 DNA의 힘, 자연의 힘, 혈연의 힘인 모양입니다.

샤워를 마치고 거실에 들어서면 오늘 밤 그 음식을 다 먹었는데도 제가 출출할까 봐 친엄마는 식탁에 안주를 한 상 가득 차려 놓으셨습니다. 우리는 맥주를 손에 쥐었습니다. 남동생은 잠옷으로 갈아입고 부엌 찬장에서 뚜껑이 달린 커다란 유리 단지 하나를 꺼냈습니다. 단지에 담긴 것은 산성 강한 액체 속의 매머드 배아처럼 보이는 뿌리입니다. 그 뿌리는 친엄마가 독주를 만들 때 사용하는 일종의 생강 같은 것이었습니다. 그는 국자를 사용해 작은 잔을 가득 채웠습니다. 쁘로스트, 건배!

잃어버린 시간을 따라잡는다는 것? 간단해 보이지 않습니다. 우선 친엄마가 지금의 남편과 막 결혼했을 때의 사진첩부터 살펴봤습니다. 더 오래전 사진이나 제가 어렸을 적 사진은 그녀가 가지고 있지 않았습니다. 30대, 40대 생일, 명절, 결혼식 때 웃고 있는 그녀의 모습이 눈에 들어왔습니다. 갈색과 주황색 톤의 스냅숏에서 그녀가 어떤 사람인지 알아내려고 노력했는데, 사진 속 주인공이 뚜렷이 보였습니다. 파티에서 다른 사람들보다 조금 더 활기차게 행동하고 가장 크게 웃는 사람, 친구들과 주말을 함께 보내며 사회 경험을 풍요롭게 즐기는 사람. 활짝 핀 꽃밭 앞에서 다소 극적인 포즈를 취한 사진도 눈에 들어왔습니다. 동생과 저는 친엄마의 사진 찍는 포즈를 보고 웃었습니다. 또 아이들이 태어나고, 그녀의 삶 속 숨겨진 비밀을 모른 채 그녀와 아이들을 사랑스럽게 바라보는 남편이 있었습니다. 남동생과 여동생의 유아, 미취학 아동 때의 사진을 보면서 제가 어렸을 때와 그들이 너무 닮아서 놀랐습니다. 서로의 존재를 모른 채 거의 평행한 삶을 살았으니까요.

    이제 제 삶을 보여줄 차례입니다. 어렸을 때 찍은 사진은 없지만 제가 어떤 일을 하는지 보여줄 수 있었습니다. 큰 텔레비전 화면에서 남동생이 유튜브를 띄우고 제 이름을 입력했습니다. 제 모습이 담긴 영상이 나오니까 남동생은 열광적으로 소리를 질렀습니다. 누나가 텔레비전에 나오다니! 한국 동계 올림픽 기간 동안 야꼽과 함께 만든 리포트도 있었습니다. 지하철에서 조는 사람들 옆에 앉아 학생들과 공연 문화에 관해 얘기하고, 금요일 오후 술자리에서 소주를 마신 장면도 나왔습니다. 친엄마는 연한 파란색 셔츠와 황토색 트리코 반바지로 갈아입었습니다. 그녀는 소파에 앉아 텔레비전을 아이처럼 뚫어지게 응시했습니다. 그녀는 인터뷰를 보면서 미소를 지었습니다. 그녀의 얼굴에는 자부심이 가득했습니다. 어제 아침까지만 해도 자기를 찾는 줄도 몰랐던 그녀의 딸이 텔레비전 화면에 나온 겁니다.

침대에
나란히 누워

하루에 처리할 수 있는 일도 최대 용량이 있기 마련입니다. 어느새 새벽 두 시가 되었고 더 이상은 견디기 힘들었습니다. 하지만 친엄마에게 제가 자고 싶다고 하면 깜짝 놀라겠죠? 그것도 닮았네요. 저는 힘든 친엄마 찾기 여행을 하지 않았을 때도 평소 그런 모습을 보이거든요. 항상 파티에서 가장 늦게 퇴장하고 하루를 더 길게 늘이려고 노력하죠.

친엄마의 침대는 전형적인 한국식 침대였습니다. 매트리스 대신 두꺼운 요가 딱딱한 바닥에 깔려 있었습니다. 그녀는 부드러운 잠옷과 반바지를 제게 건네줬습니다. 옷을 갈아입고 평소 그녀의 남편이 누웠던 침대 오른편에 누웠습니다. 남편의 베개에 머리를 대는 것은 간접적 배신처럼 느껴졌습니다. 침대 반대편에는 회색과 검은색 정장을 입은 그녀의 남편이 다정한 미소를 지은 채 저를 바라보는 결혼식 사진이 걸려 있었습니다. 그 옆에는 어깨가 드러난 아름다운 흰색 웨딩드레스를 입은 친엄마가 있습니다. 그녀는 부드러운 분홍색 담요로 저를 덮어 주고 잠시 부엌으로 가서 크림에 적신 마스크팩을 냉장고에서 가져와 제 얼굴에 붙여줬습니다. 그녀는 포장지에 남은 크림을 제 손과 팔, 목에 문질러 줬습니다. 그런 다음 그녀는 제 이마에 키스하고 침실에 있는 대형 텔레비전을 켜고 방을 나갔습니다. 한국 드라마 소리가 들리는 것 같았습니다. 그녀가 제 얼굴에서 마스크를 떼고 옆에 누워 팔을 제 배 위에 올리고 잠들었을 때 저는 반쯤 깨어 있는 상태였습니다.

제가 세 살 때 네덜란드에 도착하기 전 네덜란드 부모님은 입양 기관으로부터 유대감 형성 방법에 대한 광범위한 지침을 받았습니다. 처음에는 아이 근처에 낯선 사람을 최대한 적게 두라는 지침이 있었습니다. 출생 국가의 사진이나 동영상을 함께 보고 아이에게 슬퍼할 시간을 주라는 내용도 있었습니다. 이제 또 다른 유대감 형성 과정이 진행 중입니다. 저는 지금 친엄마와 남동생과 함께 있으며 방금 네덜란드 영상을 함께 보았고 지금도 슬픔은 있지만 그래도 친엄마와 함께 있습니다. 한밤중에 친엄마가 흐느끼는 소리에 잠에서 깼습니다. 저는 친엄마를 안고 졸린 목소리로 말했습니다. "우리 이제 서로를 찾았잖아요." 그녀는 몇 번이나 미안하다고 말했고 저는 "엄마, 이제 괜찮아요. 지금 모든 게 좋아요"라고 말했습니다. 비록 제가 그녀를 위로하고 있지만 저는 우리가 서로

볼 수 없었던 그 긴 세월 동안 그녀가 느꼈던 고통을 이해할 수 있었습니다. 제가 어디에 있는지, 그리고 잘 지내고 있는지 몰랐던 그 긴 세월의 고통, 그런 인생을 극복해야 했던 슬픔… 이 비밀을 오랫동안 간직하며 느껴야 했던 외로움! 친엄마를 위로할 수 있어서 기분이 좋았고 제 아픔도 조금이나마 치유되었습니다.

새로운 추억을
쌓는 순간

　아침에 일어나자, 몇 초간 여기가 어딘지 분간이 되지 않았고 외출해야 할 것 같은 불안한 기분이 들었습니다. 그러다 옆을 보니 옆 베개에 친엄마의 검은 곱슬머리가 보였습니다. 그녀는 가볍게 코를 골고 있었습니다. 친엄마를 찾았습니다. 그녀가 여기 있습니다. 저는 다시 편안하게 숨을 쉬었습니다. 그녀가 눈을 떴을 때 저는 그녀의 머릿속에서도 똑같은 기쁨과 믿기지 않는 감정의 조합이 일어나는 것을 볼 수 있었습니다. 그녀는 샤워하러 일어났고 제가 거실로 나갔을 때 남동생이 잠옷 차림으로 소파에 앉아 텔레비전을 보고 있었습니다. 저는 남동생 옆에 앉았습니다. 그리고 어릴 적 소파에 네덜란드 오빠 옆에 앉았던 시간을 떠올렸습니다. 그때 우리는 「테오와 테아, 텔레키드」를 봤고 「렘보와 렘보」를 보며 함께 깔깔거리며 웃었습니다. 한 번도 만난 적 없던 한국 형제가 이렇게 친근하게 느껴지는 게 신기할 따름입니다. 현금이 떨어져서 이 근처에 은행이 있냐고 물었습니다. 그는 놀란 표정으로 나를 쳐다봤습니다. "은행? 은행에 왜 가려고? 누나는 돈 쓸 일 없어!"

한국인들은 등산을 좋아합니다. 아침에 운동복 차림으로 산에 올라 신선한 공기를 마시고 호화로운 점심을 먹었습니다. 그리고 친엄마와 남동생 그리고 저는 차를 타고 전라북도로 갔습니다. 거기서 개울과 사찰, 폭포가 있는 강천산 공원을 방문했습니다. 여전히 제 손을 잡고 있던 친엄마의 전화벨이 울렸고 친구들에게 "딸이 있는데 지금 여기 있다"라는 다소 황당한 얘기를 몇 번이고 하느라 잠시 제 손을 놓으면 바로 남동생의 손이 엄마의 자리를 대신했습니다. 남동생이 저에게 이렇게 많은 사랑을 줄 수 있다는 사실에 감동했습니다. 남동생의 눈빛에서 어제부터 나는 영원히 남동생의 것임을, 남동생이 나를 돌보고 싶어 한다는 것을 알 수 있었습니다. 꽃이 만발한 꽃 덤불 앞에서 포즈를 취하며 사진을 찍자고 하는 친엄마의 모습에서 우리는 또 한 번 웃었습니다. 남동생과 저는 흔들리는 붉은색 다리 위를 걸으며 흔들리는 다리 아래를 바라봤고 비명을 질렀습니다. 친엄마가 다리 위에서 열심히 뛰니 더 크게 앞뒤로 흔들렸습니다. 우리는 잠시 아무 말 없이 주변의 키 큰 나무를 바라봤고 산 공기를 마시며 지난 일들을 마음에서 지우고 있었습니다. 우리는 새로운 추억을 만들었는데, 그것은 정말 기분이 좋았습니다.

"이제 저녁 먹으러 가자!" 점심 식사 후 2시간이 채 지나지 않아 친엄마가 말했습니다. 처음에는 농담이라고 생각했지만 진심이었습니다. 격리된 호텔에서 첫 주에 빠진 체중이 벌써 다시 늘었으니 이제 그 많은 음식을 어디에 두어야 할지 모르겠습니다. 순천에서 우리는 유명한 쌈밥집에 갔습니다. 대형 냉장 진열장에는 21가지 종류의 쌈거리와 큼지막한 마늘, 풋고추가 진열되어 있었습니다. 손님들은 바구니를 받아 테이블로 가져갈 쌈 잎을 선택할 수 있습니다. 다른 한쪽 벽에는 분홍색 밥솥 50여 개가 김을 내고 있었습니다. 여종업원이 끓고 있는 채소와 고기가 담긴 그릇을 가져오면 쌈 잎 위에 마늘, 피망, 고추장을 얹고 돌돌 말아 입에 넣으면 됩니다. 친엄마가 가장 좋아하는 음식이고 저도 좋아합니다. 남동생과 저는 맥주를 마시며 아내와 딸, 일에 관해 이야기했습니다. 새로운 가족과의 대화를 통해 정보를 얻기도 했지만, 진짜 가족을 알아가는 것은 대부분 조용히 그들을 관찰할 때입니다. 오늘도 몇 번이나 나를 보며 눈물을 흘리고 그때마다 행복한 아이처럼 상추쌈을 말아 입에 넣어주던 친엄마. 종종 그녀에게 따뜻하게 미소 짓고, 등을 쓰다듬고, 가방을 들어주고, 그녀가 저에게 열 번도 넘게 미안하다고 말했을 때 그녀를 안아주는 남동생. 이 가족이 그렇게 가까워 보였고 사랑스러우면서 동시에 남편과 아버지가 모르는 큰 비밀을 공유하고 있다는 사실이 이해하기 어려웠습니다.

드디어
드러난 진실

맥주를 마셔서 뺨이 빨개지고 입안에서 마늘의 맛이 느껴지는 가운데 우리는 다시 차에 올라탔고 남동생을 아파트 문 앞에 내려주었습니다. "더 이상 못 볼 거야. 사랑해, 누나." 우리는 서로를 껴안으며 다시 작별 인사를 해야 한다는 사실에 가슴이 아팠고, 남동생의 눈빛에서 그도 힘들어하는 모습을 볼 수 있었습니다. 서로를 찾고 다시 인사하고, 모든 것이 너무 빠르게 지나갔습니다. 친엄마의 남편은 아직 아무것도 몰랐고, 친엄마는 딸과 함께 나들이를 간다고만 말했습니다. 그래서 남편은 오늘 자기 집에 있을 것이고, '비밀 딸' 일행은 여동생네 집으로 이동했습니다. 제가 이 속임수에 간접적으로 참여하고 있다는 것이 옳지 않아 보였지만, 동시에 이 상황을 어떻게 할지, 일상생활 속에서 어떤 방식으로 내 자리를 마련하는지는 친엄마가 정하는 것이라고 저 자신에게 말했습니다. 그리고 저는 그녀가 자녀들에게 털어놓은 것이 이미 큰 첫걸음을 내딛은 것이라고 생각합니다.

　11시에 여동생 집에 도착했을 때 아무도 없었습니다. 여동생은 그녀의 남편과 딸과 함께 생일 파티를 하러 간 것입니다. 덕분에 식탁에서 친엄마와 조금 더 오래 이야기할 수 있었습니다. 저는 그녀와 미스터 박 사이에 무슨 일이 있었는지, 제가 어떻게 고아원에 가게 되었는지 정말 알고 싶었습니다. 한편으로 제가 엄청나게 깊은 상처를 받게 될 것 같아서 부담스럽기도 했습니다. 우선 미스터 박을 어떻게 만났는지 물었습니다. 그의 이름을 듣자마자 그녀는 움찔했고 저는 그녀의 얼굴에서 혐오감을 볼 수 있었습니다. "그는 아주 나쁜 놈이야." 그녀는 한국인이 뭔가에 혐오감을 느낄 때 내는 전형적인 가래 끓는 소리를 냈습니다. "내 친구가 한 단체를 통해 펜팔 친구를 만났는데 나에게 '너한테도 좋을 거야'라고 말했지. 그래서 한 남자의 주소를 받아 편지를 쓰기 시작했는데 그 남자가 바로 네 아버지였어. 나는 겨우 스무 살이었고 그때까지 남자애들과 어울리지 않았지. 그러다 실제 만나서 꾸준히 사귀게 되었단다. 네 아빠가 말한 것은 모두 거짓이었어. 예를 들어, 나중에 그가 매우 가난하다는 사실을 알게 되었지. 그런데 그때 이미 임신해서 서울에서 같이 살게 됐고 네가 태어난 거야. 좋은 관계는 아니었고 네 아빠는 폭력을 휘둘렀어."

　내가 태어난 지 몇 달 후 친엄마는 아버지 즉, 제 외할아버지가 환갑을 맞았을 때 가족 잔치가 있다고 저를 곡성으로 데려갔습니다. 친정에 갔다가 돌아온 엄마는 기이한 상황을 목격했습니다. 미스터 박은 직장에서 만난 다른 여성과 함께 그 집에 살고 있었습니다. 그는 다른 여성에게 친엄마를 자신의 누나라고 소개했고, 그래서 같은 집에 살게 된 것입니다. "내가 돌아왔을 때 네 아빠는 다른 여자와 바람이 났고, 그 여자와 사귀고 있으니, 우리가 떠나야 한다고 했어. 나는 돈도 집도 아무것도 없었지. 나는 그 여자에게 애 아빠와 헤어지라고, 내 딸을 봐서라도 제발 애 아빠를 내버려 두라고 간청했지만, 그녀는 자신이 아이를 임신했다고 말했어. 내 딸은 이미 태어났고 당신 아이는 아직 뱃속에 있으니, 그 남자와의 관계를 끝내야 한다고 말했어." 하지만 소용이 없었고, 미스터 박과 그 여자는 함께 살게 됐고, 친엄마는 갑자기 혼자가 되었습니다. 외할머니로부터 약간의 돈을 받았지만, 3개월이 지나자 더 이상 생활하기 힘들어졌습니다. 그녀는 일하러 나가야만 했습니다.

　친엄마는 살던 집에서 쫓겨난 후, 오산 근처에 사는 당시 시어머니인 할머니에게 저를 데려갔습니다. 할머니에게 2년간 저를 돌봐달라고 부탁하면서 비용은 자신이 보내주겠다고 했습니다. 친엄마는 부평에 있는 공장에 출근해 잠도 거기서 자고 매일 새벽 2시까지 일했습니다. 그녀의 사장은 일손 부족 때문에 일을 일찍 그만두는 것을 막기 위해 두 달에 한 번씩 수당을 지급했습니다. "두 달간 열심히 일한 끝에 첫 월

급을 받고 할머니를 위해 옷과 음식을 사서 할머니를 뵈러 갔는데 할머니가 안 계시는 거야. 이웃들로부터 네 아버지가 너를 데려가 입양 보냈다는 소식을 들었지. 그 말을 들었을 때 모든 꿈이 사라졌지만 나는 결코 너를 잊지 않았단다." 그녀는 두 손을 눈앞에 대고 머리를 탁자 위에 얹더니 긴 숨을 내쉬며 흐느꼈습니다. 누구에게도 말하지 못한 그날을 생각하면 누구든 슬픔이 밀려오기 마련입니다. 그녀가 오랫동안 삼켜야 했던 눈물. 그렇게 우는 모습을 보니 말 그대로 가슴이 미어졌습니다.

저는 친엄마가 입양에 동의하지 않았다고 항상 생각하고 있었습니다. 그런데 이제야 구체적인 이야기를 들으니 더 선명해지면서 마음이 너무 아려왔습니다. 퇴근 후 할머니 집에 딸을 데리러 갔다가 딸이 사라진 것을 발견한 엄마. 얼마나 가슴이 아프고 충격이 클지 상상조차 할 수 없습니다. 새어머니가 미스터 박과 먼저 관계를 가졌고, 그가 우리 엄마와 바람을 피웠다는 이야기는 전혀 사실이 아니었습니다. 정반대였습니다. 그러니까 새어머니에 대한 내 직감이 맞았던 거죠. 그리고 미스터 박이 항상 제게 말했던 친엄마가 우리를 떠났다는 이야기도 사실이 아니었습니다. 그녀는 쫓겨났고 저도 마찬가지였습니다. "박씨 부부가 저를 입양 기관에 맡기고 돈을 받았을까요?" 저는 친엄마에게 물었습니다. 엄마는 고개를 절레절레 흔들며 "잘 모르겠다"라고 말했지만, 그 가능성에 깜짝 놀란 표정을 지었습니다.

친엄마는 몇 년 전인 2013년에 저를 찾으려고 시도한 적이 있다고 이야기했습니다. "더 많은 정보를 얻기 위해 입양 기관을 찾아갔지만, 아무 소용이 없었어. 우체국에서 아는 사람을 통해 네 아빠의 전화번호를 알아내서 전화를 걸었지. 그 사람은 나를 만나고 싶어 하지 않았지만 어쨌든 그 사람을 찾아갔지. 내 전화번호를 알려주며 딸이 찾아오면 이 전화번호를 알려주라고. 꼭 찾고 싶다고 그 사람에게 애원했어. 그래서 전화번호를 바꾸지 않고 항상 희망을 품고 살았어" 하며 친엄마는 울먹였습니다. 얼른 계산해 보니 거의 10년 전이라 실제로 미스터 박을 찾기 전의 일이었습니다. 저는 그에게 친엄마가 있는 곳을 알고 있는지, 저를 도와줄 수 있는지 여러 번 물었다고 얘기했습니다. 그 모든 부정적 대답과 거짓말이 역겨웠습니다. 친엄마는 미스터 박이 왜 제가 엄마를 못 찾게 막으려 했는지 모두 알아차렸습니다. "그 사람은 내게 무슨 일이 있었는지, 그의 진짜 모습이 어떤지를 너에게 알리고 싶지 않았을 거야." 박씨 부부는 거짓말과 속임수를 자행했고, 체면을 구기지 않기 위해 수단과 방법을 가리지 않은 것입니다. 그들은 어떻게 떳떳할 수 있을까요? 저는 친엄마를 꼭 안아주며, 그녀는 강인한 여성이고 결국 우리가 이겼다며 위로했습니다. 미스터 박 덕분이 아니라 미스터 박이 있었음에도 우리는 성공한 것입니다.

현관문이 열리는 소리와 작은 발소리가 들리자, 우리는 재빨리 눈물을 닦았습니다. 마침 그때 아홉 살짜리 조카가 저를 향해 달려왔습니다. 조카의 머리는 반쯤 긴 생머리에 일자로 자른 앞머리를 하고 있었습니다. 저는 잠깐 가슴을 찌르는 듯한 느낌을 받았습니다. 왜냐하면 조카가 몹시도 그리운 제 딸과 닮았기 때문입니다. 제 딸이 저와 몇 광년 떨어져 있는 것처럼 느껴졌습니다. 아이들이 새로운 상황을 받아들이는 데 얼마나 뛰어난지, 너무 이쁩니다! 갑자기 네덜란드에서 온 이모가 지금 식탁에 앉아 있어도 아이는 금방 적응합니다. 그녀는 제 손을 잡고 자신의 작은 방과 그림, 귀여운 인형들을 보여줬습니다. "언니, 보고 싶었어!"라고 여동생이 말했습니다. 여동생은 다른 한국 남자들에 비해 키가 엄청나게 큰 자상한 남편을 저에게 소개했습니다. 맛있는 간식을 먹으며 한 시간 동안 이야기를 나눈 후 잠자리에 들었을 때 야꼽으로부터 문자 한 통을 받았습니다. 그는 우리가 나눈 대화로 인해 자신이 너무 부족했음을 깨닫고 얼마 안 된 연애를 끝냈다고 썼습니다. 내가 그것에 대해 어떻게 느꼈는지는 정확히 모르겠습니다. 지금은 다른 감정이 생길 여지가 거의 없으니까요. 전날 밤과 마찬가지로 친엄마는 제 옆에서 자고 있습니다.

우리의 마지막 날

저는 아침에 도마 위에서 도마질하는 소리, 프라이팬이 끓는 소리, 수도꼭지가 켜지고 꺼지는 소리에 잠에서 깼습니다. 주방에서는 친엄마와 여동생 남편이 정성스럽게 요리하고 있었고 식탁에는 이미 깻잎장아찌, 두부, 김치 등 반찬이 가득 차 있었습니다. 식탁에 앉자마자 주요리로 미역국이 나왔습니다. 잃어버린 딸을 위해 미역국을 끓여 재회를 생일처럼 축하하고 싶은 엄마의 고집에 여동생의 남편이 아침 일찍 시장에 가서 모든 재료를 구해왔습니다. 저는 한국의 의식을 좋아합니다. 평범한 일상을 벗어나 조용히 머무르게 하고 복이 충만하게 하니까요. 하지만 의식에 쓰이는 음식은 별로 마음에 들지 않습니다. 국물은 짭짤하고 비린 맛이 나는데 크고 시커먼 해초 조각이 미끈거려 입천장에 붙는 때도 있습니다. 저는 세 살 때부터 생일에 네덜란드 어머니가 직접 구운 사과 케이크를 받았을 때 무척 기뻤습니다.

친엄마는 제가 밤에 악몽을 꿔서 잠에서 깬 후 잠을 청하지 못했다고 말했습니다. 그녀는 자리에서 일어나 자기 삶에 대해 긴 편지를 썼다고 합니다. 그녀는 두 오빠와 여동생이 있는 가난한 가정에서 자랐습니다. 공부를 잘해서 초등학교 때 선생님은 장학금 신청이 가능한 중학교 입학시험을 보라고 조언했지만, 어머니는 좋은 선택이라고 생각하지 않았습니다. 게다가 그 당시에는 교육의 우선권이 아들에게 있었습니다. 초등학교를 졸업한 후 그녀는 돈을 벌기 위해 공장에 다녔는데 아침 8시부터 저녁 11시까지 일했다고 합니다. 그녀는 번 돈을 어머니에게 드렸습니다. 편지의 나머지 부분에서 친엄마는 다시 한번 저의 성장 배경을 설명해 주었는데, 지금은 필요할 때마다 그 이야기를 다시 읽을 수 있어서 좋습니다.

A4 용지 한 장에 담긴 그녀의 인생 이야기입니다. 어린 시절에 놓친 기회에 대한 이야기. 자신의 생각과 다른 남편에게 쫓겨난 굴욕감. 지키지 못한 약속. 그래서 아이도 잃었고, 친지도 등을 돌렸으며, 돈도 없는 빈손으로 파국을 맞았습니다. 한국 음식으로 가득 찬 아침 식탁, 여동생의 예쁜 아파트에서 손녀를 무릎에 앉힌 친엄마를 바라보며 저는 그녀가 자신의 삶을 살아온 방식에 대해 자랑스럽게 생각했습니다. 그녀가 그 비참한 시작 이후 어떻게 자신을 재창조했는지를 알 수 있었습니다. 저는 그녀가 새로운 삶과 결혼 생활에 대해 어떤 위험도 감수하고 싶어 하지 않으리라 생각합니다. 그녀가 잃

을 게 많기 때문이죠.

제가 태어난 나라에서의 마지막 날 조금이라도 힘을 내기 위해 억지로 미역국을 몇 입 더 먹었습니다. 작별 인사를 하고 떠나는 것, 저는 그런 일에 정말 서툽니다. 오늘 밤 혼자 비행기를 타야 한다는 사실이 두렵습니다. 네덜란드가 마치 다른 집에서 다른 언어를 사용하며 다른 사람들, 다른 가족과 함께 하는 평행 세계의 다른 행성처럼 멀게만 느껴졌습니다. 여러분은 3일 전에 처음 만난 엄마와 마지막 날을 보낸다면 무엇을 하시겠어요? 아주 평범한 모녀의 일상이었습니다. 미용실에 함께 가서 관리받고, 쇼핑몰에 가서 검은색 재킷과 검은색 바지, 분홍색 재킷을 사주셨습니다. 그리고 점심으로 비빔밥을 먹었는데, 그녀는 마지막으로 내 밥에 고추장을 넣고 비벼서 사랑스럽게 그릇을 저에게 건넸습니다.

여행 가방을 싸기 위해 여동생네 집에 한 번 더 가는 것은 쉽지 않은 일이었습니다. 친엄마는 한 달 분량의 검은콩, 깻잎장아찌, 고추장 그리고 새 밥그릇 16개를 주셨습니다. 여행할 때마다 늘 챙겨가는 메밀 베개를 친엄마에게 주고 나서야 여행 가방을 닫을 수 있었습니다. 그녀는 18개월 된 아기처럼 베개를 꼭 껴안았습니다. 그녀는 그 후 몇 달간 "네 베개 꼭 안고 있어"라고 메시지를 쓰고 있습니다. 마지막 순간에 조카가 직접 그린 커다란 그림을 여행 가방에 넣는 것을 간신히 막았습니다. 우리는 함께 차에 탔습니다. 가는 길에 남동생의 자리는 이제 여동생의 남편이 대신했고 여동생의 남편은 인천 공항까지 5시간 동안 꽉 막힌 도로를 인내심 있게 헤쳐 나갔습니다. 그들은 저를 내려주고 공항 근처 호텔에서 하룻밤을 보낸 후 아침 일찍 차를 타고 돌아가서 모두 제시간에 출근할 것입니다. 그것은 저에게 너무 사랑스럽고 감동적인 모습입니다.

공항에 도착했을 때는 이미 어두워졌습니다. 다시 한번 용감하게 음식을 먹으려고 시도했지만, 소용이 없었습니다. 눈물을 흘리며 마지막 포옹을 하고 보안 게이트를 통과하기 직전에 저는 마지막으로 뒤를 돌아봤습니다. 30미터 정도 떨어진 곳에 새 가족이 서 있었고 그들은 두 팔로 위쪽을 향해 포즈를 취했습니다. 두 손을 머리 위로 모아 하트 모양을 만들었는데, 이는 사랑한다는 뜻의 한국식 제스처입니다. 이제부터 모든 게 달라질 거라는 걸 깨달았습니다. 지금까지 한국은 제가 태어난 나라였다면, 이제부터는 친엄마가 사는 곳이 될 것입니다. 친형제와 친자매가 사는 곳, 제가 사랑하는 사람들이 사는 곳입니다. 저는 미스터 박에게서 따뜻함을 거의 느낄 수 없었지만, 지금 이 가족은 앞으로 근희가 한국에 더 깊게 뿌리 내릴 수 있도록 보살피게 될 것입니다. 그 뿌리를 내리는 소녀는 네덜란드의 다른 평행 세계에서 결핍을 느낄 것입니다. 이러한 친엄마 찾기 여정은 저의 모든 정체성을 뒤흔들었고 집이 무엇인지 의문을 제기하며 혼란에 빠지게 했습니다.

16장

다시 현실로

엄마를 찾은 이후의 일상

비행기에서 지난 며칠 동안 부족했던 잠을 보충하고 스히폴 공항에 도착하니 사랑스러운 두 사람, 딸과 야꼽이 저를 기다리고 있었습니다. 야꼽은 며칠간 제 아이들을 돌봐주었고, 딸이 학교를 하루 쉴 수 있도록 조정해 깜짝 선물로 딸을 데리고 마중 나왔습니다. 이것은 우정에 대한 아름다운 표현입니다. 우리는 그때부터 다시 예전 모드로 돌아가서 매일 연락하고 있습니다. 아이들과 네덜란드 부모님, 오빠를 다시 만나니 정말 좋았습니다. 1년 동안 떨어져 지낸 것 같은 기분이 들었고, 그 이야기를 반복해서 들려주는 가운데 머릿속이 차분해졌습니다. 휴대폰으로 친엄마를 만난 영상을 동료 페피에게 보여줬더니 그가 얼굴을 돌리고 눈물을 훔치는 모습을 보였습니다. 딸을 다시 찾은 엄마의 이야기는 많은 사람에게 공감을 불러일으킵니다. 다른 사람의 눈물을 보면서 저 자신의 감정이 조금은 덜 드러나서 좋았습니다.

저는 다시 일상으로 돌아가서 라디오 에인 스튜디오로 돌아왔습니다. 저는 사이클 선수 토마스 데커를 인터뷰하면서 정말 즐겁게 한 시간 동안 그에게 완전히 몰입했습니다. 그의 삶의 여정을 보면 꼭 극한까지 가지 않아도 만족하는 삶을 살 수 있다는 것을 알 수 있습니다. 대화에 완전히 몰입하고 대화가 끝난 후 새로운 견해를 얻게 되었을 때가 제 일에서 가장 즐거운 순간입니다. 저는 한국에서 극한까지 갔지만, 그것을 저의 일과 사회생활에서까지 지속할 필요는 없습니다. 때로는 그냥 최선을 다하는 것만으로도 충분합니다.

주말에는 친구들과 함께 술집에 가곤 합니다. "넌 이 모든 일로 어떤 변화를 겪었니?" 그들은 알고 싶어 했습니다. 아직 판단하기에는 너무 이르죠. 순전히 불가능한 일을 해냈다는 사실 때문에 몸속에 아드레날린이 가득했고 거대한 분홍색 구름 위에 있는 기분이니까요. 일단 그 위에 있으면 얼마나 오래 지속될지 스스로 결정할 수 없습니다. 결국 2주 만에 분홍색 구름에서 떨어졌습니다. 저는 여전히 "그녀를 찾았습니까?"라는 질문에 성공 스토리를 이야기합니다. 하지만 처음처럼 열정적으로 이야기하려면 점점 더 많은 노력이 필요합니다. 저절로 되는 게 아니라 마지막까지 행복하고 감사해야 하니까요. 어쩌면 친엄마와 함께한 시간이 너무 짧았고, 사흘 만에 다시 헤어지는 게 아쉬워서 그런 건지도 모르겠습니다. 아니면 왓츠앱을 통해 사소한 연락을 주고받았기 때문에 그다지 큰 의미가 없다고 느꼈기 때문일까요?

    이 기간 힐버숨 초원에서 요리스와 함께한 산책은 제게 특별히 소중했습니다. 그는 제 인생에서 그 순간이 어땠는지, 어떤 느낌인지 말하지 않아도 되는 유일한 사람입니다. 이제 저는 그에게 말합니다. "모든 일이 실제로 일어나지 않은 것 같아." 그러면 그는 이렇게 답하죠. "아냐 미즈, 정말 일어난 일이야." 우리 개가 키가 큰 초원의 풀숲 사이를 열정적으로 뛰어다니는 모습이 마치 난생처음 산책을 시키는 것 같습니다. "지금 미스터 박에게 연락해서 그녀를 찾았다고 말하고 싶지 않아?" 그가 물었습니다. 아니요. 전혀 그러고 싶지 않아요. 저는 그날 그의 일터에서 그에게 정말로 작별 인사를 했거든요. 갑자기 지난 며칠간 제가 왜 슬펐는지 이해가 되었습니다. 새로운 가족을 얻었지만, 또 누군가를 잃었으니까요. 미스터 박은 좋은 사람이 아니었고 저는 그에게 너무 실망했습니다. 저는 그와 확실한 이별을 했고 다시는 그를 보지 않을 겁니다. 물론 그것은 제 선택이지만 여전히 마음이 아플 수 있습니다.

잘못된 출생 정보

6월의 어느 금요일 아침, 아직 7시가 되지 않은 시간에 문자를 받았습니다. 친구, 가족, 동료들은 이 시간에 야간 프로그램을 진행하는 사람에게 문자를 보내지 않기에 아마도 한국에 있는 누군가에게서 온 메시지일 거로 생각했습니다. 네, 바로 유동익 씨였습니다. "네 원래 생년월일은 1975년 7월 15일이야"란 세상을 뒤흔드는 문자로 보내온 것입니다. 뭐라고? 다시 읽었습니다. 그리고 또 읽었습니다. 제 입양 서류와 여권 및 지금까지 가지고 있던 모든 공식 문서에는 1974년 6월 7일에 태어난 것으로 적혀 있었으니까요. 심지어 저는 이번 주 초에 생일을 맞았습니다. 저녁 식사도 했고 생일 카드와 꽃도 받았고, 아이들이 카푸치노 머그잔도 사줬습니다. 저는 유동익 씨에게 이 사실을 어떻게 확신하냐고 물었습니다. 유동익 씨가 설명하길, 친엄마가 오늘 아침 그에게 전화해서 저에게 깜짝 생일 선물을 보내주려고 제 주소를 아냐고 물었다고 합니다. 유동익 씨가 제 생일은 이미 지났다고 대답했는데, 친엄마는 그에게 아니라고 말했답니다. 네, 역시 미스터 박이 입양 서류에 가짜 날짜를 기재한 것입니다.

    오늘은 6월 10일입니다. 어젯밤에 잠들었을 때 마흔여덟이었고 지금은 갑자기 마흔여섯이 되었습니다. 처음에는 터무니없는 유머라 생각해 웃었습니다. 요리스에게 전화할 때면 그 반대가 아니라 다행이라고 농담하곤 하는데, 갑자기 쉰 살이라는 말을 들으면 정말 안 좋은 소식이겠죠? 점점 더 많은 퍼즐 조각이 제자리를 찾아가고 있습니다. 초등학교와 중고등학교 때 저는 항상 교과 과정을 따라가기 위해 고군분투했습니다. 매년 다음 학년으로 겨우 올라갈 수 있었죠. 처음에 비행기를 타고 여기에 도착했을 때 네덜란드 엄마는 저를 위해 너무 큰 옷을 준비해 놓으셨습니다. 시간이 지날수록 저에게 충격이 밀려왔습니다. 속은 기분입니다. 그동안 생일을 엉뚱한 날에 축하하고 엉뚱한 별자리를 읽었으니까요. 항상 잘못된 날짜에 친엄마를 생각했습니다. 이제 저는 모든 것을 다시 정리해야 합니다. 또래보다 더 어릴 때 공부를 시작했고 더 어릴 때 일을 했으며, 또 더 어릴 때 엄마가 되었습니다. 야꼽과 시험관 아기 시술에 대해 문의했을 때, 지금 생각해보면 난임 클리닉에서 나이를 이유로 억울하게 거절당한 적도 있었습니다. 미스터 박과 그의 수많은 거짓말 때문에 몇 년이 지난 지금까지도 저는 그 후유증으로 고통받고 있습니다.

저는 친구들에게 전화해 소식을 전했고, 아이들에게도 이미 알고 있던 것보다 젊은 엄마가 생겼다고 말해주었습니다. 그리고 무의식적으로 네덜란드 부모님에게 얘기해야 할 시점을 미루고 있습니다. 여든두 살이 되신 부모님은 이제 딸에 대한 새로운 정보를 받아들이는 데 한계에 봉착했으니까요. 제가 기억하는 한 가장 긴 신호음 후에 네덜란드 엄마는 언제나처럼 전화를 받았습니다. "안녕, 얘야!" 그리고 스피커폰 모드로 전환하면서 엄마가 말씀하셨고 아빠는 뒤에서 듣습니다. "엄마, 제 생년월일이 틀린 걸 알았어요." 헨드릭 이도 암바흐트에서 10초 동안 침묵이 흘렀습니다. "아이고, 그래서 어떻게 했어?" 저는 엄마에게 이 사실을 설명하며 미스터 박이 입양 신청서를 작성하면서 했을 생각을 말했습니다. '여기에 사실을 적지 않으면 이 아이가 다시는 나를 찾을 수 없을 것이고, 과거의 유령처럼 내 삶을 방해하러 오지 않을 거야.' 그는 자기 딸이 기자가 되었고, 그녀의 DNA에 절대 포기하지 않는 한국인의 정신이 흐르고 있어서 곤경에 처한 것입니다.

"젠장, 정말 나쁜 자식이야"라는 네덜란드 아빠의 목소리가 뒤에서 들리는 것 같습니다. 우리는 나의 어린 시절을 띄엄띄엄 회상하며 지금 돌이켜보면 제가 생각했던 것보다 실제로 어려웠다는 것을 깨달을 수 있었기에 잠시 침묵에 빠졌습니다. 네덜란드 부모님은 당시를 회상하며 말씀하셨습니다. "스히폴 공항에 도착했을 때 넌 너무 어려서 바지에 오줌을 쌌었지." "고등학교 때 정말 열심히 공부했구나." 엄마는 울 수밖에 없었고 저는 왜 우시는지 압니다. 그 이유는 너무 많습니다. 네덜란드 부모님은 무능한 한국 부모로부터 세상에 버려졌다는 생각을 하는 한 아이를 입양했습니다. 그런 아이에게 '친자식과 같은 사랑을 줄 수 있다면 얼마나 좋아할까?' 하는 생각에서 네덜란드 부모님은 입양을 한 겁니다. 신청 절차는 까다로웠습니다. 집에서 실사를 받았고 양부모가 되기 위해 인터뷰를 했고, 대기자 명단에 오르면 애착 형성 과정에 대한 교육과 육아 팁을 제공받았습니다. 이 모든 절차에 허위 서류에 대한 언급은 어디에도 없습니다. 아이를 절대 포기하고 싶지 않은 친모나 모든 것을 틀리게 적은 친부에 관한 이야기도 없습니다.

몇 주 후, 야꼽과 함께 일주일 동안 휴가를 떠나 아인트호번 공항에 짐을 부치러 줄을 섰을 때 손에 든 진한 빨간색 여권을 펼쳐보았습니다. 이름도 틀렸고, 출생지도 틀렸고, 생년월일도 틀렸으니 더 이상 쓸모없는 여권이었죠. 사진, 발급일 및 만료일, 그것만 진실입니다. 그래서 여권을 바꾸고 싶습니다. 하지만 어떻게 해야 할지 모르겠습니다. 제 본명, 태어난 곳과 날짜는 친엄마만 알고 있습니다. 저는 어떤 출생 기록에도 기재된 적이 없습니다. 친부모님이 결혼하지 않았기 때문에 어떤 것도 명백한 것이 없습니다.

17장

친애하는 엄마에게

잘못된 정보가
일으킨 혼란

•
•
•

"엄마, 잘 지내세요? 엄마 생각 많이 하고 있어요. 건강하시고 빨리 꽃이 만발했으면 좋겠어요. 엄마가 꽃을 좋아하는 거 알아요." 하루가 지난 후 답장이 왔습니다. "사랑하는 딸아, 나는 매일 밤 잠들기 전에 너를 생각한단다. 나는 여전히 네 베개에서 자고 있고, 네가 무슨 일을 하든지 간에 곧 너를 보길 원한다. 보고 싶다. 보고 싶다." 우리의 교류는 그다지 깊지는 않지만 너무 사랑스럽습니다. 그리고 몇 달 전 그녀가 저와 함께 축하하고 싶다고 말한 칠순 생일이 다가왔습니다. 하지만 아직 남편에게 딸이 네덜란드에 있다는 사실을 말하지 않은 상태에서 그러기는 어렵습니다. 그녀가 이미 말했는지 구체적으로 묻지 않은 것은 너무 무례하다고 생각했기 때문입니다. 저는 그녀가 많이 고민하고 있다고 확신합니다. 저는 친엄마에게 부담 주고 싶지 않습니다. 그것은 그녀의 삶이고 그녀의 선택이니까요. 그 선택으로 앞으로 저와 그녀와의 좋은 관계를 형성하는 데 어떤 영향을 미치게 될지 결정되겠죠.

한국인 남동생이 가족 파티 사진을 보내왔습니다. 순천 인근의 해안 도시인 여수로 주말여행을 다녀온 사진이었습니다. 두 조카가 수영장에서 놀고 있었고 수영장 가장자리에는 한국 음식이 가득 담긴 커다란 나무 테이블이 보였습니다. 친엄마는 왼손에 깻잎을 들고 고기와 김치, 고추장 등 자신이 가장 좋아하는 음식을 가득 담고 있었습니다. 두 번째 사진은 바다와 산, 유람선을 배경으로 온 가족이 부두에 서 있는 모습이었습니다. 남동생, 남동생의 아내, 딸, 여동생, 여동생의 남편 그리고 딸이 보였습니다. 맨 오른쪽에는 커다란 선글라스를 끼고, 밝은 파란색 스포츠 재킷과 흰색 바지를 입고, 한쪽 다리를 다른 쪽 다리 앞으로 살짝 구부린 채 포즈를 취한 친엄마가 있습니다. 엄마 옆에는 다정하고 상냥해 보이는 그녀의 남편 즉, '매우 무지몽매한 사람'이 있습니다. 그는 정말 아무것도 의심하지 않았을까요? 그는 갑자기 침대에 다른 베개가 있는 것을 이상하게 생각하지 않았을까요? 현관에 있는 튤립이 그려진 우산을 보지 못했을까요? 냉장고 마그네틱이 작은 나막신 모양인 것을 눈치채지 못했을까요? 어린 조카가 무심결에 한 번 정도 "할아버지, 너무 좋아요. 근희 이모가 여기 왔었어요!"라고 말하지 않았을까요?

솔직히 저는 다른 상상을 했습니다. 지금쯤 제가 두 아이와 함께 그들 곁에 서서 엄마와 딸의 새로운 유대를 확인하고 있을 거라 기대했습니다. 제 아이들은 수영장에서 한국 사촌들과 함께 놀고, 수영 후에 깻잎을 싸서 먹는 방법을 알려주면 쌈을 싸서 입속 가득히 채웠겠지요. 친엄마는 저에게 다음과 같이 보냈습니다. "사랑하는 딸아, 생일 축하해줘서 정말 고마워. 이 못난 엄마를 버리지 마. 나는 너와 함께하고 싶다. 내년에 내 생일이 오면 모든 손자, 손녀와 함께하자. 사랑한다. 미안하다, 내 딸." 시간이 지날수록 그녀가 현재 남편에게 말할 가능성이 줄어들 것 같습니다.

7월 15일 밤 12시에 저는 야꼽과 함께 샴페인을 마셨습니다. 저는 오후에 케이크를 먹었고 친구들은 저에게 달콤한 메시지를 보냈습니다. "어쨌든 생일 축하해"라고 헨드릭 이도 암바흐트에 계시는 네덜란드 아빠도 저에게 메시지를 보냈습니다. 두 분께 전화를 드려 기분이 어떠신지 물었습니다. 두 분 모두 말했습니다. "말도 안 돼. 진짜 생일이 아닌 것 같아. 6월 7일이잖아." 새로운 정보를 부정하고 지금 상황을 고수하는 것도 하나의 대처 전략이 될 수 있습니다. 하지만 저는 그럴 수 없습니다. 어렸을 때 산타클로스가 솜털로 만든 수염을 붙이고 알루미늄 포일로 감싼 빗자루를 손에 든 이웃집 아저씨라는 사실을 일단 알게 되면, 산타클로스의 존재를 더 이상 믿을 수 없게 됩니다.

2년 전에 1년간 마흔여섯 살이었고 지난 5주간도 여전히 마흔여섯 살이었습니다. 이 생일은 너무 생소합니다. 새로운 인생의 시작을 알리는 생일이라 기대했던 것보다 더 큰 의미가 있는 것 같습니다. 수원에 있는 입양 기관의 서류에는 1977년 4월 15일에 미스터 박이 저를 데려왔다고 적혀 있습니다. 그러니 태어난 날을 제외하면 딱 한 번 친엄마와 제 생일을 축하한 셈이죠.

친엄마에게 제 생일을 어떻게 보냈냐고 물었더니, 미역국을 끓였고, 그녀의 남동생인 외삼촌이 저를 위한 케이크와 옷을 사 왔다고 답장을 보내왔습니다. 그때 이미 미스터 박은 저 없이 혼자서 새어머니와 삶을 꾸려가고 있었을 것입니다. 친엄마가 보내온 메시지를 구글 번역기로 번역하면 너무 난해해서 이해가 안 될 때가 많습니다. 예를 들어, 저는 그녀에게 미스터 박과 헤어졌을 때 제가 몇 살이었냐고 물었는데, 그녀는 다음과 같은 답장을 보내왔습니다. "아빠는 일하는 중이시고 한 손가락이야. 나는 절단되어서 일할 수 없었어. 고모에게 물어봐. 생계유지. 내가 헤어질 때쯤 첫 번째 돌이 지났어. 엄마가 아빠를 떠났어. 아니, 네 아빠는 대략 8개월 정도 됐어. 나는 그녀와 함께 도망쳤고 어머니와 둘이 살았어." 무엇을 말하는지는 모르겠지만 친부모가 서로 헤어질 때 저는 생후 8개월이었던 것 같습니다.

자신이 어디에서 왔는지와 부모님이 누구인지 안다면, 자신이 누구인지 더 잘 알 수 있습니다. 친엄마 찾기 여정을 통해 정체성을 형성하는 데 필요한 퍼즐 조각을 찾을 수 있었습니다. 저는 출신과 입양에 관한 인터뷰를 할 때면 이 말을 여러 형태로 변형해 자주 사용했습니다. 이제 저는 그런 식의 설명이 통하지 않음을 압니다. 아버지가 누구인지, 어머니가 누구인지 알았고 저를 알아보는 얼굴을 보면 안심이 되고 제 존재가 확인되는 것 같습니다. 저는 알에서 나온 것이 아니라 실제로 존재하는 두 사람의 산물이고 따라서 제가 존재하는 셈입니다. 하지만 제 인생 스토리가 항상 생각해 왔던 것과 다르다는 것, 제 이름과 생년월일, 출생지가 틀렸다는 것을 알게 되면서 솔직히 착잡했습니다. 제가 누구인지 더 잘 알게 된 것이 아니라 오히려 이전보다 후퇴한 것 같습니다. 모든 것이 흔들리게 됐고, 그 깨달음은 저를 슬프게 했습니다. 더 많이 알수록 새로운 정보의 파편 속에서 제 이야기를 덜 믿게 되니까요. 모든 새로운 사실에 의문을 품는 내면의 목소리가 들려옵니다. '오늘이 정말 내 생일인가? 이 사람이 정말 내 친엄마일까? DNA 검사 없이 확실하다고 어떻게 알겠어?' 동시에 배은망덕한 기분이 들기도 합니다. 한국 부모님을 모두 찾았으니 행복해야 하는데 말이죠. 자신의 인생에 대해 아무것도 모르는 많은 입양인이 있습니다. 그들이 제가 친부모 찾기 여정에서 얻은 것의 10분의 1만이라도 얻는다면 벌써 하늘을 날고 있을 겁니다.

DNA
검사

그래도 확실하게 하기 위해 카니시우스-빌헬미나 병원에서 DNA 친족 관계 검사를 받기로 결정했습니다. 친엄마에게 실험실 카드에 피 몇 방울을 떨어뜨려 보내 달라고 부탁하는 일은 몹시 곤란한 일이었습니다. 그녀는 제가 100% 확실한 딸이니까 굳이 검사할 필요가 없다고 하셨습니다. 그런데 지금은 제가 엄마를 믿지 못하고 관계를 의심하는 것처럼 느껴졌어요. 저는 그녀에게 제 여권을 바꾸고 싶을 때를 대비해 확실하게 해두어야 한다는 점을 강조했고 형식적인 절차에 불과하다고 말했습니다. 그녀는 중립적인 반응을 보였습니다. 실망하지도 흥분하지도 않고요. 저는 두 사람의 혈액 샘플을 병원에 보냈습니다.

한편, 「스프를로스」에서 적어도 두 명의 입양인을 잘못된 친가족과 연결했다는 소식이 전해졌습니다. 제 이름, 생년월일, 출생지가 일치하지 않으면, 실제로 제가 아니라는 분명한 증거일 수 있습니다. 동시에 저는 나머지 이야기는 맞는다고 확신했고 친엄마와 분명한 유대감을 느꼈지만, 솔직히 지난 1년간 특히 한국에서 제 직감이 저를 여러 번 실망시켰다는 것을 인정할 수밖에 없습니다.

화요일 아침, 제 현관 매트 위에 편지 한 통이 떨어져 있었습니다. DNA 검사 결과가 담긴 봉투였습니다. 지난 몇 주간 제 머릿속의 작은 목소리를 달래던 두 단어가 담긴 형식적인 편지였습니다. 숨을 크게 들이쉬고 내쉬며 봉투를 뜯어보았습니다.

> "친애하는 블록 씨, 귀하의 요청과 관련 당사자의 동의에 따라 임상 화학 실험실에서 딸과 어머니로 추정되는 두 사람의 관계에 대한 DNA 검사를 실시했습니다: M. 블록과 M. S. 리; 친족 관계 검사 결론: 결과는 친모임을 나타냅니다; M. S. 리는 확실에 가까운 확률로 M. 블록의 생물학적 어머니입니다; W-값> 99.9999993%."

18장

그날의 복기

버려짐의 시작

그가 다른 여자와 사랑에 빠지는 일이 벌어졌습니다. 의도적으로 다른 여자를 찾은 것은 아니지만 그것은 사실이었고, 그가 확실히 아는 것은 그녀가 임신한 지금 그녀를 선택할 수밖에 없다는 것입니다. 그래서 미스터 박이 우리를 내보낸 것이겠죠. 친엄마와, 그들이 함께 세상에 데려온 딸을. 친엄마는 갑자기 혼자가 되었습니다. 집도 없고 돈도 없으니 패닉 상태에 빠졌고, 실연의 아픔으로 망가졌습니다. 그녀는 저의 친할머니에게 저를 맡기고 두 달간 부평의 섬유 공장으로 일하러 갔습니다. "꼭 돌아올게요, 정말이에요." 그녀는 할머니에게 말했고, 저를 잘 돌봐달라고 애원하면서 저를 꼭 안아주고는 불안과 걱정 속에 떠났습니다.

"이 아이를 어떻게 해야 해?" 며칠 후 그의 어머니가 그에게 말했습니다. "난 아이를 돌보기엔 너무 늙었으니 뭔가 대

책을 세워야지." 그는 임신한 여자친구를 바라보며 '이제 새로운 시작이다. 과거를 정리해야만 해. 지금 문제를 해결해야겠어'라고 생각했습니다. 그리고 그 문제는 바로 저, 그의 18개월 된 아기였습니다. 그는 빠르게 일을 처리해야만 했고 자신의 감정을 절제하는 버튼을 눌러야 했습니다. 그것이 그가 할 수 있는 유일한 방법이었습니다. 그들은 서둘러 차에 탔고 저를 뒷좌석에 태우고는 의아해하는 제 표정을 무시한 채 제 손에 비스킷을 쥐여 줬습니다. "고아원에서는 뭐라고 말해야 하나?" 차 안에서 미스터 박이 새어머니에게 물었습니다. "그냥 우리가 돌볼 수 없다고만 하면 돼요." 그녀가 대답했습니다. "우리가 하는 일이 범죄인가?" 그는 생각하면서 혼잣말을 했습니다. "혹시 모르니 아이의 이름과 생년월일을 바꿔야 안심이 될 거 같아."

그들은 큰 건물 근처에 차를 주차했습니다. "빨리, 빨리!" 그들은 재빨리 차에서 내려 서로에게 말했습니다. 미스터 박은 제 옷에 묻은 비스킷 부스러기를 닦아냈고 저를 들어 올렸습니다. 열한 걸음, 계단을 올라 벨을 눌렀습니다. 김 부장이 문을 열고 인사를 하며 사무실로 안내했습니다. 우리는 가서 앉았습니다. 저는 새어머니의 무릎에 앉았습니다. 김 부장은 그들의 얘기에 귀를 기울였습니다. 미스터 박은 김 부장에게 그들이 하는 일이 범죄인지 물었습니다. 김 부장은 의심스럽게 쳐다보며 다음과 같이 말했습니다. "저는 버려진 아이였다고 적을 수 있어요. 그러면 아이는 더 이상 당신들과 연관 지을 수 없을 겁니다." 박씨 부부는 안도했고 김 부장은 두 번째 서류를 내밀며 말했습니다. "이제 이것만 작성하세요. 이건 기록용이니까요." 미스터 박은 테이블에서 볼펜을 천천히 집더니 손으로 만지작거리며 생각할 시간을 가진 후, 마침내 아이 이름을 기재했습니다: 박은혜. 생년월일 1974년 6월 7일. 볼펜은 그의 주민등록번호를 입력해야 하는 칸 위에서 멈췄습니다. 그는 주민등록번호를 외우지 못하므로 지갑에서 운전면허증을 꺼냈습니다. 그 순간 그는 김 부장이 옆에서 지켜보고 있어서 주민등록번호를 위조할 수 없다는 것을 깨달았습니다. 그가 마지막 숫자를 적고 김 부장이 일어서자 방 안의 모든 사람이 작별 인사를 할 시간임을 알았습니다. 미스터 박은 마지막으로 저를 안았습니다. 제 이마에 뽀뽀하고 몸을 일으켜 세웠습니다. 한국 남자는 평생 두 번 눈물을 흘린다고 합니다. 태어날 때와 어머니가 돌아가실 때. 그래서 그는 딸을 유기할 때는 울지 않았습니다.

반면, 새어머니는 더 이상 눈물을 참지 못했습니다. 그녀는 저를 꼭 안아줬습니다. 그녀의 눈물이 제 목에, 제 치마에 떨어졌습니다. 제가 그녀에게 매달리자 그녀는 뱃속에서 아이가 움직이는 것을 느꼈고, 김 부장은 새어머니로부터 저를 떼어내며 가야만 한다는 제스처를 취했습니다. 저는 이 상황을 전혀 이해하지 못하는 슬픈 아이입니다. 화를 내며 김 부장을 밀어내며 울었습니다. 미스터 박과 새어머니는 건물 밖으로 나가 열한 개의 계단을 내려갔습니다. 한 계단씩 내려갈 때마다 그들은 자신이 방금 한 일을 조금씩 깨닫기 시작했습니다. 한 걸음 한 걸음 내디딜 때마다 그들은 절대로 다시는 이 일에 대해 이야기하지 않겠다고 다짐했습니다. 집으로 돌아오는 차 안에 사랑하는 두 사람이 앉아 있습니다. 나란히 앉아 새로운 삶이 이제 막 시작되었음을 압니다. 하지만 이 일의 대가는 평생 그들을 따라다닐 것이고 그들의 사랑에 영원히 그림자를 드리울 것임을 알기에 둘의 마음은 괴롭습니다.

복잡하고도 아름다운 사랑

이 이야기는 한 날에 일어난 이야기이며, 느슨한 정보들을 바탕으로 제가 스스로 만들어 낸 이야기입니다. 아마도 대략적인 내용은 맞을지 모르지만 어쩌면 몇 가지 사항만 맞을 수도 있습니다. 저는 결코 알 수 없습니다. 자신의 인생 이야기를 추적하는 것이 거의 불가능함을 이제야 알았습니다. 주인공들은 각자 자신의 편에서 이야기를 들려줍니다. 게다가 시간이 흐르면서 기억에 색을 입히고 사물을 실제보다 더 아름답게 또는 더 추악하게 만듭니다. 친부모님의 관계가 실제로 어땠는지, 서로를 어떻게 사랑했는지, 그들의 사랑이 어느 정도 무조건적이었는지 결코 알 수 없습니다. 제가 태어났을 때 친부모님의 감정이 어땠는지, 젖을 먹일 때 저를 어떻게 바라보았는지, 잠자리에 눕힐 때 머리를 쓰다듬으며 무슨 생각을 하였는지도 전혀 알 수 없습니다. 저는 미스터 박이 새로운 사랑을 통해 자신의 다른 모습이나 더 나은 모습을 찾았을 수 있다고 생각합니다. 저를 고아원에 데려갔을 때 미스터 박이 무슨 마음을 가졌는지, 그리고 오랜 시간이 흐른 후에 친부모님이 저를 갑자기 다시 보았을 때 어떤 심정이었는지 알지 못합니다.

저를 버리고 노골적으로 거짓말을 한 미스터 박에게 화가 많이 났습니다. 제가 친엄마를 찾지 못하도록 온갖 수단을 다 동원했지만, 지금은 놀랍게도 점점 더 연민이 느껴집니다. 저를 버림으로써 다시는 되찾을 수 없는 자신의 일부분을 포기한 것이기에 하루하루 자신의 악행을 깨닫고 살아가야만 할 미스터 박. 그는 지금, 이 순간에도 자기의 잘못을 반성하며 살고 있을 겁니다. 그는 자신의 과거를 완전히 청산하지 못했다고 비난하는 배우자와 함께 살고 있습니다. 어느 날 딸을 데리러 갔다가 딸이 없는 것을 발견한 친엄마의 아픔도 느껴집니다. 몇 년 동안 딸을 잃어버리고 어디서부터 찾아야 할지 몰랐을 엄마. 딸이 지금까지 이룩한 모든 이정표를 놓쳐야 했던 사람. 그녀는 지금도 현재의 남편에게 말할 수 없는 비밀을 간직한 채 살아가고 있습니다.

친엄마에게 작별을 고하고 그 후 친아빠에게 작별을 고해야 했던 어린 소녀의 슬픔이 느껴집니다. 고아원에 온 첫날 밤 낯선 침대에서 잠을 자며 사랑하는 사람들이 왜 자신을 버렸는지 이해하지 못했던 어린 근희. 어릴 때부터 고난과 역경을 이겨내야 했던 그 소녀가 달리 무엇을 할 수 있었을까요? 그리고 수년이 지난 후 같은 소녀가 사랑하는 사람에게서 버림받았을 때, 그 이겨내는 힘은 한동안 사라졌습니다. 그래서 네, 저는 최근에 흔들리긴 했지만, 두 아름다운 사랑 사이에 있다는 사실을 알고 있습니다. 새롭고 느슨해진 정체성의 모든 조각이 결국에는 영구적인 자리를 찾을 것이라는 것을 알고 있습니다. 저는 제 이름, 출생지, 태어난 날을 알고 있으며, 제 아버지와 어머니가 누구인지도 알고 있습니다. 부모님이 모두 네 명, 얼마나 유복한가요? 철저하게 수정된 인생 스토리를 바탕으로 한 새로운 시작, 저는 압니다. 그녀는 일곱 번 넘어져도 여덟 번 일어날 거라는 걸…. 여기 근희가 있습니다.

감사의 말

친엄마 찾기 여정과 그에 관한 책을 쓰려면 여러 사람의 도움과 협력이 필요합니다. 사랑하는 엄마, 아빠. 항상 "그냥 해봐"라고 말씀해 주시고 이 여정에 대해 관계를 위협하는 것으로 생각하지 않으신 탓에 저는 실제로 편안하게 실행에 옮길 수 있었습니다. 그리고 이 여행 때문에 우리가 함께 한 날들의 소중함이 깨지는 일은 없었습니다. "아빠, 엄마, 오빠, 사랑해요. 그리고 저를 자랑스러워 한다는 것도 항상 느껴요."

사랑하는 셈과 에비, 난 방과 후 집에서 구운 사과파이와 차를 들고 너희를 기다리는 엄마가 아니라, 스스로 고민하던 질문에 대한 답을 찾아야 했던 엄마였어. 그것을 가능하게 했던 것은 다 너희 아버지 덕분이란다. 그래서 나는 너희가 나중에 이 일을 이해해 주길 바란다. 내가 너희를 정말 사랑하고, 너희들이 나에게 그랬던 것처럼 앞으로 스스로 질문에 대한 답을 찾을 때 내가 너희를 응원할 거라는 것을 알아주렴.

요리스, 어딘가에서 나눈 모든 대화와 토론을 통해 생각을 정리할 수 있었어. 여행 내내 당신은 항상 시나리오를 짜는 약간은 엉뚱한 탐정이자, 역경에 직면했을 때 울고, 승리했을 때는 하이파이브를 하고, 그사이에는 크게 웃을 수 있는 나의 완벽한 콜롬보였어.

유동익 씨, 우리와 함께 진실에 도달하기 위해 얼마나 열정적으로 노력했는지 그리고 그 비밀의 땅으로 우리를 안내하며, 제가 무례하게 그 문화를 짓밟을 때 저를 얼마나 잘 제어해 줬는지 놀라웠어요. 거스, 이름을 밝히고 싶지 않은 건 알지만, 당신 덕분에 열릴 거라고는 상상도 못 했던 문이 열렸어요. 움베르토, 당신이 나에게 그 질문을 해줘서 참 좋았어요. 그 질문 덕분에 나 자신이 포기했다고 생각했던 이 끝나지 않은 이야기를 아직도 내려놓지 못했다는 것을 깨달았어요.

내가 매일 NPO 라디오 1에서 인터뷰하는 사람들, 여러분의 삶의 교훈과 열린 마음은 저에게 많은 통찰력과 위로, 영감과 즐거움을 줬습니다. 이본 크로넨버그, 고마워요. 당신은 저에게 "상처받은 마음이 치유되는 것은 좋은 일입니다. 그렇지 않으면 세상은 파편으로 가득할 테니까요."라고 말해줬으니까요. 압델카데르 베날리, 당신이 옳았습니다. 고통에 마땅한 말을 해줄 때만 고통이 존재할 권리가 부여되고, 그래야만 치유가 시작될 수 있습니다.

빤스, 뻬뻬, 마리꺼, 얀, 마르셀, 셈, 바베트, 수현, 힘든 순간마다 저를 격려해주고 함께 여행해 줘서 고마워요. 엘스, DNA 검사를 도와줘서 고마워요. 로버트 얀, 당신의 아름다운 전단지를 한국에 뿌렸어요. 감사합니다.

플로르, 저는 다른 누구와도 이 글쓰기 모험을 시작하고 싶지 않았을 거예요. 이렇게 개인적인 이야기를 글로 옮길 때, 힘들 때, 용기를 북돋아 주고, 이야기가 너무 멀리 갈 때 조정해 줄 사람이 있다는 것은 매우 중요해요. 밀런호프 출판사는 항상 적절한 타이밍에 적절한 말을 해주었고, 첫날부터 밀런호프 출판사의 신뢰를 느낄 수 있어서 너무 좋았어요.

하네커, 당신은 나를 믿고 항상 나와 함께 생각해 주기 때문에 우리가 만들어 온 아름다운 일들과 앞으로의 모든 모험을 위한 매우 안전한 기반을 저에게 제공했어요.

사랑하는 야꿉, 우리 이야기를 들려줄 수 있게 해줘서 고마워. 언제나 소중히 간직할 특별한 사랑 이야기야. 그리고 우리는 다음 장에서 만나게 될 거라고 확신해. 마마 리, 형민, 재연, 첫 순간부터 나를 딸로, 자매로 품에 안아준 것은 내가 꿈꿔왔던 것 이상이었어요.

옮긴이의 말

이 책을 번역하면서 나는 미샤와 함께 그녀의 한국인 어머니를 찾아 헤맸던 그 당시 일들이 한 편의 영화처럼 스쳐 갔다. 본인은 미샤 블록을 2018년 평창 동계 올림픽에서 처음 만났다. 당시 나는 네덜란드 가톨릭 방송국 「Spoorloos」에서 한국 특파원으로 근무를 하고 있었으며, 방송에 익숙했던 나는 때론 네덜란드의 다른 방송사나 기타 다른 국가인 스웨덴, 덴마크의 요청으로 방송에 참여하기도 하였다. 미샤와 나는 함께 올림픽 기간에 「Mischa Says, Hi!」라는 방송을 통해 한국 문화를 네덜란드에 소개하는 일을 담당했었으며, 그 기간에 미샤의 생부를 같이 만나기도 했었다. 미샤가 생부를 만나기를 원했던 것은 당연히 자신을 낳아주신 생모를 찾기 위해서였다. 나는 미샤의 생부와 새어머니를 수원에서 처음으로 만났으며 친어머니에 대한 정보를 얻기 위해서 많은 노력을 하였다.

경험상 아버지들은 나름대로 죄책감을 가지고 어머니에 대한 정보를 많이 전달해 어머니를 찾게 해준다. 그래서 나는 미샤가 어머니를 찾는 것이 그리 어렵지 않을 것으로 생각했다.

그렇지만 나의 예상은 철저히 빗나갔다. 그분은 자신의 첫 번째 여자였던 미샤의 어머니에 관해 아무런 기억이 나지 않는다고 하였다. 같이 살았으며 아이까지 낳은 자신의 여자에 대해서 아무런 기억이 나지 않는다고, 생모에 대한 그 어떠한 사실도 기억하지 못한다고 하니 어쩔 수 없었다. 동계 올림픽 촬영 후 미샤는 안타까운 마음을 가지고 네덜란드로 돌아갔다.

2022년 미샤한테 다시 연락이 왔다. 이번에는 본격적으로 어머니를 찾고 싶다면서 내가 시간을 낼 수 있는지 물었다. 당시는 코로나 시절이라 입국 격리를 지켜야 하기 때문에 한국에 오는 것이 그리 쉽지는 않았지만 그러한 장애물도 미샤의 어머니 찾기의 의지를 꺾을 수는 없었다. 미샤는 오기 전에 자신이 가지고 있던 모든 입양 서류를 나에게 보내왔다.

미샤가 한국에 도착해서 나는 미샤와 함께 미샤의 생부를 다시 만나서 미샤의 어머니에 대한 추가 정보를 얻으려고 했으나 그분은 도대체 입을 열지 않으셨다. 자신의 분신을 낳은 사람의 이름도, 고향도 모른다는 말이 마치 미샤가 어머니를 찾는 것을 원하지 않고 있다는 이상한 느낌을 받았다.

미샤와 함께 어머니를 찾아가면서 나는 많은 새로운 사실을 알게 되었다. 미샤를 만나기 전에는 입양인들의 친가족을 찾기 위해 노력했을 뿐, 호적을 조작하는 일이 얼마나 잘못된 일인지를 전혀 깨닫지 못했었다. 해외 입양을 위해 고아 호적을 만들고 입양 기관들이 국가의 도움으로 호적을 조작했다는 사실을 알게 되었다. 그 가운데 돈이 오고 갔으면 아이들이 거래되었다. 상대국도 이러한 사실을 인지하고 있었지만, 그들은 아무런 조치도 취하지 않았다. 더불어 입양인들이 "쉐도우 파일(Shadow file)"이라고 부르는 친부모에 대한 기록을 입양 기관들이 가지고 있으면서도 공개하지 않고 있다는 사실을 알게 되었다. 해외 입양을 보내기 위해 조작한 파일과 실제 친부모에 대한 기록이 있는 숨겨진 파일. 그 파일에는 평생 고아인 줄 알았던 입양인들의 부모님에 대한 기록이 적혀 있었다. 그렇지만 이 기록들이 「개인 정보법」이란 테두리에 묶여 많은 해외 입양인이 간절히 원하는 자신들의 부모에 대한 그 어떠한 정보도 알 수가 없다. 자신을 낳아준 부모에 대한 정보를 얻기 위해 지금 어디에 살고 있는지 알지도 못하는 부모의 허락을 받아야 한다는 「입양 특례법」은 대한민국이 그토록 자랑스러워하는 효에 정면으로 위배되는 조항이었다. 지금도 자신을 낳아준 부모님의 이름도 모른 채 생을 마감해야 하는 해외 입양인들을 마주할 때마다 나는 그들에게 개인적으로 미안한 감정이 든다. 해외 입양은 생부모나 그 주변 친지들이 직접적으로 보낸 것이지만, 사실 간접적으로는 우리의 사랑이 적어서 우리 모두가 함께 보낸 것이다. 우리가 서로 돌보지 못해 귀한 우리 국민을 해외로 보냈다는 생각에 우리 모두의 책임이라는 생각이 든다. 혼자서 애를 낳고 키우는 미혼모들을 더 따뜻하게 대해주고 아이를 잘 키울 수 있도록 도움을 주었더라면 해외 입양이 이뤄지지 않았을 것이다. 우리가 타인의 아이도 나의 아이처럼 사랑으로 대해줄 수 있었더라면 슬픈 해외 입양은 생겨나지 않았을 것이다. 우리가 서로 다름을 이해하고 살 수 있다면 해외 입양은 생겨나지 않았을 것이란 생각이 들었다.

그렇지만 우리는 법이 바뀌기 전까지는 법을 따라야 하기에 미샤, 요리스 그리고 나는 제한된 정보를 가지고 미샤의 어머니를 찾아 전국을 헤맸다. 어머니가 실종될 수도 있다는 생각에 어머니를 찾아 달라고 수원에 있는 실종 수사팀에 실종 사건 접수를 했으며, 새어머니를 찾아가 둘 다 똑같이 아이를 가진 어머니 아니냐고 설득하면서 친어머니에 대한 정보를 달라고 호소해 보기도 했으며, 친부가 사는 지역에 찾아가 인근 주민들에게 정보를 달라고 사정하기도 했었다. 입양은 마치 공공연한 비밀 같았다. 많은 사람이 알고 있지만, 그 누구도 그것에 관해서는 입을 열려고 하지 않았다. 친부의 가족들을 친부의 고향에서 찾아서 친어머니의 출신이 전남이라는 사실에 대해서 확신하게 되었으며 그곳으로 가기로 했다. 많은 분이 미샤의 안타까운 사연을 듣고 도와주려고 했지만, 어머니 찾기 여정은 그리 쉬운 일이 아니었다.

마침내 전남으로 내려가기 전에 어머니의 실종을 접수했던 수원 경찰서 실종 수사팀에서 어머니를 찾았다는 반가운

연락이 왔다. 우리는 서둘러 수원으로 향했으며 마침에 그토록 그리던 어머니를 만날 수가 있었다. 어머니를 찾은 후 미샤는 친부에 대한 더 큰 실망을 하게 되었다. 어머니는 미샤를 찾기 위해 수많은 노력을 했으며, 친부를 찾아가 자신의 전화번호를 남기고 나중에 미샤가 찾으러 오면 그 번호를 전달해 달라고 했다. 그리고 그 번호를 바꾸지 않고 지금까지 간직하고 계셨다. 이 사실만으로도 친부는 미샤가 어머니를 찾기를 원하지 않았다는 사실과 어머니가 미샤를 찾기 위해 수많은 노력을 했다는 사실을 알게 되었다. 친부가 감추고 싶었던 그 당시 상황은 미샤의 입장에서는 그다지 중요하지 않을 수도 있다. 그렇지만 많은 부모는 그러한 자신의 과오를 감추려고 함으로써 입양인에게 더 큰 상처를 주기도 한다.

어떤 부모들은 자신의 실수를 감추기 위해 이러한 행동을 하지만 사실 이러한 것들이 입양인들에게는 그리 중요하지 않다. 그들에게 중요한 것은 자신을 낳아준 친부모를 만나는 것이고 그 당시에 있었던 일에 관한 "진실"일 뿐이다. 그 누구도 부모님을 원망하지 않고, 그 당시 상황을 이해하려고 하며, 그들이 원하는 것은 그 당시에 일어났던 일에 관한 진실이지만 많은 부모는 이러한 진실을 외면하고 있다. 그 진실을 감추기 위해 자신들이 할 수 있는 최선을 다한다. 이에 크게 실망한 입양인들은 만남 후에 다시 자신들의 친부모를 보지 않으려고 한다.

미샤를 찾기 위해 노력한 어머니는 미샤와의 만남을 크게 기뻐하셨으며 재혼 후 태어난 두 명의 동생들에게 연락해서 서울로 올라오라고 하셨다. 동생들도 지금까지 어머니의 말할 수 없는 비밀에 관해서 알지 못하고 있었으며 충격을 받았지만, 한편으론 자신들이 일찍 알았더라면 더 빨리 찾아줄 수 있었을 거라고 말했다. 새로운 세대는 입양을 보냈던 입양인 부모의 세대와는 확실히 달랐다. 이 젊은 세대는 감추고 있던 어머니의 아픔을 빨리 치유해주지 못해 아쉬워했다. 지금도 많은 입양인이 어머니나 아버지가 다른 절반의 형제들을 갖고 있다. 그리고 현시대의 그 형제들은 부모님들이 생각하는 것보다 더 개방적이고, 입양 형제를 친형제처럼 받아들이고 있다. 구시대의 생각을 가진 부모들은 이러한 사실을 감추려고 하지만 젊은 세대는 그들의 생각보다 훨씬 더 개방적이다. 자신의 과거를 새로운 가정의 자녀들에게 말하는 미샤 어머니의 용기에 찬사를 보내며 많은 친부모가 이분처럼 이러한 사실을 밝히고 형제들에게 만날 기회를 주기를 희망한다. 더불어 친부모를 찾기 위한 입양인들의 간절한 소원을 막고 있는 입양 특례법이 빨리 개정되어 그들이 사랑하는 가족들을 만날 수 있기를 진심으로 바란다. 사랑이라는 이름으로 행해진 해외 입양이 그리 사랑스럽지가 않으며 가난이나 기타 사정으로 친부모에게서 아이를 빼앗는 해외 입양은 조속히 중단되기를 바란다. 그 누구도 아이들을 친부모로부터 빼앗을 권리는 없다.

유동익

왼쪽부터 옮긴이 유동익, 저자 미샤 블록, 감수자 차용.

나는 해외 입양인입니다
– 한국에서 버려진 아이가 수십 년간 찾아 헤맨 삶의 진실

1판 인쇄 2025년 6월 10일
1판 발행 2025년 6월 30일

지은이 미샤 블록
옮긴이 유동익
감수 차용
펴낸이 홍정수
펴낸곳 이더레인(탐구당)

출판등록 1950. 11. 1 서울 제 03-00993호
주소 10592 경기도 고양시 덕양구 삼송로 238, 301-1019
전화 (02)3785-2211~2 **팩스** (02)6003-0227
E-mail tamgudang@paran.com | http://www.tamgudang.co.kr

값 22,000원
ISBN 978-89-6499-081-0 (03850)

· 파본은 바꿔드립니다.